Heinrich von Levitschnigg

**Wien, wie es war und ist Federzeichnungen**

Heinrich von Levitschnigg

**Wien, wie es war und ist Federzeichnungen**

ISBN/EAN: 9783743673526

Hergestellt in Europa, USA, Kanada, Australien, Japan

Cover: Foto ©ninafisch / pixelio.de

Weitere Bücher finden Sie auf **www.hansebooks.com**

# Wien,

## wie es war und ist.

Federzeichnungen

von

**Heinrich Ritter von Levitschnigg.**

**Pest und Wien.**
Hartleben's Verlags-Expedition.
1860.

# Vorwort.

Der Verfasser dieser Federzeichnungen weiß und fühlt, daß er dem Titel „Wien, wie es war und ist" leider nicht vollkommen Genüge geleistet habe. Neu-Wien namentlich hätte eine reichere Ausbeute liefern können. Das geistige Treiben der Gegenwart würde sehr schauenswerthe Silhouetten ermöglicht haben. Die Ungunst der Zeitverhältnisse veranlaßte jedoch den Autor, derlei Spiegelbilder für einen zweiten Theil dieses Buches aufzubewahren, falls anders rascher Absatz die Garantie bieten sollte, die Lesewelt habe diese Federzeichnungen nicht ganz ungünstig aufgenommen.

Wien, am Tage des heiligen Maxentius 1859.

# 1. Der Prater und seine letzten Mohikans.

---

Es war eine Zeit, wo sich die Bewohner von Wien eine Residenz gar nicht zu denken vermochten, falls sie anders keinen Prater aufzuweisen hatte. Wie der Aelpler in der Niederung bei dem Klange des Kuhreigens vom Heimweh befallen wird, blickte der Wiener in der Fremde düster und trübe, wenn er im fernen Lande der glänzenden Praterfahrt am ersten Mai gedachte.

Das Donauwäldchen zerfiel schon damals, und es zerfällt auch jetzt noch in zwei streng geschiedene Lustgebiete. Darf man Stadtviertel mit Auen vergleichen, so möchte ich sagen, die Hauptallee im Prater gleiche dem vornehmen Pariser Faubourg Saint-Germain; der Wurstelprater aber sei ein Abbild der lustigen, wenn auch etwas ungeschlachten Vorstadt Saint-Antoine mit ihren zahllosen Schänken und Estaminets, mit so mancher bunklen, aber weithin bekannten Chaumière.

Die Hauptallee im Prater ist auch jetzt noch für das lebenslustige Wien, was der Korso für das heilige Rom, der Boulevard für das leichtsinnige Paris, Zarskoe-Selo für das prächtige Petersburg, das Schloß Windsor für das phlegmatische London, der Prado für das verliebte Madrid, der Thiergarten für das philosophische Berlin.

Leider währt die Glanzzeit dieser Allee kaum durch drei Monate.

Im März beginnen die Nachmittagfahrten. Das ist das Frühjahr des Praters. Wenige Wochen verstreichen, der Ostermontag kommt, und mit ihm gelangt man zur Generalprobe der großen Galla=Oper im Freien. Das ist der Tag der Blüthe. Am ersten Mai aber findet die erste Vorstellung statt. Der Prater gleicht einem Théâtre paré im Grünen. Die wappengeschmückten Wagen ersetzen die Logen ersten Ranges; Miethkutschen vertreten die erste Gallerie, Fiaker nehmen die Zuschauer im zweiten und dritten Stocke auf, die Komfortables aber sind die Zufluchtsstätte der Bewohner des sogenannten Olympes. Das ist die Zeit der Frucht. Gleich darauf beginnt der lange Herbst. Die Hauptallee mahnt an eine morgenländische Schönheit, reif, üppig, entfaltet schon in frühen Jahren, aber eben so rasch verblühend, eine Matrone vor der Zeit der Falten, eine Greisin, lang bevor ihr die dunklen Locken ergrauten!

Was liegt daran?

Ihr Mairecht blieb unverkümmert.

Schlimmer ist es mit dem sogenannten Wurstel= prater bestellt, mit jenem Tummelplatze der unteren Volksschichten, mit seinen hundert Wirthshäusern, mit seinen Schaubühnen, Karoussels, Kegelbahnen, Wachs= figuren=Kabineten, Schaukeln und Panoramen.

Neuwien verträgt sich nicht mit dem Bajazzo.

Ein Stück Wiener Volksleben liegt seit vielen Jahren im Wurstelprater vergraben. Dieser Lustort verlor bereits an Zulauf, als das Wettrennen der herrschaftlichen

Schnellläufer mißliebig geworden. Diesen Läufern erging
es wie den Alttürken. Man behandelte sie wie den „kran=
ken Mann" am goldenen Horn; man stellte sie gegen
ihren Willen unter eine strenge Vormundschaft, die aus
Sorge für die Gesundheit ihrer Mündel den Gebrauch
der Gebeine und Lungen beschränkte.

Die Kultur schritt weiter.

Das Ringelreiten wurde durch die Dampfrosse des
berühmten Fulton verdrängt, der Hanuswurst ging unter
die Journalisten, und schrieb über Volksbildung in den
Kreuzerblättern, die Kegelbahn wurde bei dem Anblicke
der Kurszettel vergessen, die Wachsfiguren debutirten in
den Possen, der Aktienschwindel ersetzte die Schaukeln,
und statt Panoramen zu betrachten, liest man jetzt lieber
die Rubrik „Gerichtshalle" in der Tagespresse.

Und doch ist der Prater nicht ausgestorben.

Er besitzt seine letzten Mohikans.

Es sind die Biermanen.

Fürchte nicht, lieber Leser, daß ich dich nach dem
fernen Asien entführe, und wohl gar beabsichtige, dir von
Sitten und Gebräuchen des kriegerischen Volkes der Bir=
manen am Irawabbyflusse zu erzählen. Sieh nur schär=
fer hin!

Die Orthographie ist verschieden.

Die Mohikans des Praters schreiben sich: Bier=
manen.

Es sind Freunde des Gerstensaftes, Unterthanen
des alten gallischen Königs Gambrinus; wir haben von
der weitverzweigten Bruderschaft in cerevisia zu sprechen.
Ein Fremder vermag es gar nicht zu begreifen, wie es

1*

kam, daß in Wien, mitten zwischen fruchtbaren grünen
Rebenhügeln gelegen, das Budget an Gerstensaft eine so
fabelhafte Höhe erreichen konnte. Die Wiener Biertheue-
rung wird in künftigen Tagen von so manchem ungläu-
bigen Thomas als eine lächerliche Mythe bezeichnet werden. Es ist leider bereits Thatsache, daß ein sparsames
Wiener Stadtkind lieber nach einem Becher Wein, als
nach dem Bierkrug zu greifen pflegt.

Weintrinken heißt bei uns Oekonomie betreiben; ja
so manche arme Sippschaft könnte behaglich von dem
Heidengelde leben, was so mancher reiche Zecher das
Jahr über an Bier durch die Kehle jagt, in die Binde
gießt. Das Silber steht in Wien seit langem hoch im
Kurse, aber das meiste Agio wandert einfach nach den
Bräuereien.

Doch zurück zu dem Prater!

Was ist es mit seinen Mohikans?

So lange der Winter währt, wohnen und hausen
unsere Biermanen in verschiedenen Ländern an der Donau,
nächst der Ballgasse, an der Wien, in Fünfhaus, in der
Nachbarschaft der Schmelz. Dort gibt es manchen glänzenden Tempel des Gambrinus, hoch, luftig, so viele
halbgeöffnete Schwebefenster weisend, daß man in der
Schweiz zwischen Schwyz und Zug zu weilen glaubt, wo
nach der Angabe eines alten Postbüchleins Rheumatismus, Husten und Schnupfen heimisch zu sein pflegen.
Sonst herrscht daselbst, wie gesagt, den Winter über ge-
müthlicher Frohsinn.

Anders im Frühling!

Wenn die Mailuft weht, dann beginnt eine Völkerwanderung in Taschenformat. Dann ziehen Karawanen durstiger Pilgrime nach dem Donaugestade. Ihr Mekka sind die Bierschenken im Prater. Schon im April, kaum daß die wilden Kastanienbäume auszuschlagen beginnen, zeigen sich einzelne spürnasige Wandersleute am äußersten Saume der Jägerzeile.

Es gibt Kundschafter, wie sie einst Josua nach dem gelobten Lande Kanaan entsendete; doch steht ihr Gelüste nach einer frischen Tonne Märzenbier, nicht etwa nach einer schnöden, wenngleich riesigen Weintraube.

Andere Zeiten, andere Sitten!

Die Zahl dieser Kundschafter mehrt sich mit jedem sonnigen Tage. Bald rückt ein stattliches Heer nach dem »Biernamwalde«. Das ist die Zeit der Ernte oder Lese für die Schenken im Prater.

Das Heer zersplittert sich in »Fähnleins«.

In den besseren Schenken bildet man förmliche Hauptquartiere von Stammgästen, und wie es Patriarchen unter den Bäumen des Praters gibt, so findet sich auch hier so mancher Nestor aus dem Reiche des Gambrinus. Sein Wort ist heilig, Niemand darf Einsprache gegen seinen Schiedsspruch erheben.

Er ist der große, fürchterliche Mann,
Der Gerstensaft hoch rühmen, wie verdammen kann!

Hat er doch die Statistik des Wiener Bieres im kleinen Finger sitzen, gilt er doch als Leibhistoriker alles dessen, was sich seit einer langen Reihe von Jahren im Donauwäldchen ergeben. Hat er doch jene holde Helena gekannt, welche weiland den Herrn von Voglhuber derart bezauberte, daß er den Sattel mit dem Kutschbocke, die Feder mit der Peitsche vertauschte.

Hoch der Nestor der Biermanen!

Gläubig lauscht die jüngere Generation seinen schlichten Worten, wie es sich für Laien schickt, wenn der Altmeister zu sprechen beginnt; nur die „Eingeweihten" nicken beistimmend mit dem Haupte, falls er die Geschichte irgend einer alten Schaubude, irgend eines verwitterten Wirthshausschildes erzählt.

Es herrscht da eine eigenthümliche Terminologie.

Man möchte sie das Rothwälsch oder schöner gesagt, das Sanskrit des Praters nennen. So heißt ein Wirthshaus, das jetzt ein ganz anderes Schild führt, unter den Eingeweihten statt „zur Elster" nie anders als „Nachtigallenbauer", denn dort wohnte einst ein paar Sommer über M. G. Saphir, der Humorist, welcher die Lieder an die wilde Rose gesungen.

Eine andere bekannte Schenke führt seltsamer Weise den Titel „König Ottokars Glück und Ende". Dort verzechte ja der obgenannte Herr von Voglhuber eine glänzende Habe, um später mit grünem Hute und gelbseidenem Halstuche im drappfarbigen Mantel als Fiaker vom Bock herab die raschen „Jucker" zu peitschen.

Noch abenteuerlicher klingt die Bezeichnung einer etwas abgelegenen Schenke. Man nennt sie „il Pirata". Du darfst aber dabei. geneigter Leser, ja nicht etwa an die gleichnamige Oper von Bellini denken; sondern es handelt sich hier um den wackern Schwimmer und Taucher Mangoni, der häufig in dieser Schenkstube einzusprechen pflegte. Zur Aufklärung diene, daß ein böswil=

liges, natürlich erlogenes Gerücht behauptete, jener
Mann sei in seiner frühen Jugend Seeräuber gewesen.
Friede seiner Asche!

An der Seite des Nestors der Tafelrunde sitzt ge=
wöhnlich der Lustigmacher der Gesellschaft. Er hat die
Pausen im Gespräche durch Ränke und Schwänke aus=
zufüllen. Auch liegt meist ein treffliches Körnlein Witz
und Humor in seinen lustigen Tischreden. Darüber ließe
sich jedoch ein eigenes Kapitel niederschreiben; hier wollte ich
dir, lieber Leser, blos berichten, was man sich im Prater
erzählt, und was da zu bedeuten haben seine
„letzten Mohikans.“

# 2. Die Musiknoth.

Motto:

Das ist die Noth der schweren Zeit.
Das ist die schwere Zeit der Noth.
Das ist die schwere Noth der Zeit.
Das ist die Zeit der Schwerenoth!

Chamisso.

Das Land Egypten wurde bekanntlich in der Vorzeit zur Strafe bei Hoffart und Halsstärrigkeit seines Königs oder Pharao von zehn schweren Plagen heimgesucht. Das Wasser des Nilflusses verwandelte sich in Blut, dann erschienen Frösche, Läuse und anderweitige lästige Insekten in zahlloser Menge; die Pestilenz wie die schwarzen Blattern rafften Tausende von Opfern dahin, und ein unerhörtes Hagelwetter vernichtete die Hoffnung auf eine gesegnete Ernte.

Pharao gab nunmehr zwar scheinbar nach, spielte sich aber bald wieder auf den Eisenfresser. Da kamen Heuschrecken, um den letzten Rest Saat auszurotten, Finsterniß herrschte drei Tage über im Lande, und endlich starb in einer Nacht jegliche Erstgeburt sowohl von den Thieren als von den Menschen, vom König bis zum Sklaven herab.

So ward der Stolz des Pharao gebrochen!

Jene Landplagen sind es nun freilich nicht, welche

das Weichbild von Wien heimsuchen, aber eine Stadt-
plage gibt es, welche die Bewohner der Residenz schon
seit vielen Jahren zu einem heimlichen Klagelied bewogen.

Es ist: die Musiknoth!

Diese entsetzliche Noth muß Stück für Stück durch-
gegangen, geschildert werden, auf daß die Welt doch einmal erfahre, wie Unrecht einst Grillparzer gethan, als er
die Kaiserstadt an der Donau

das Kapua der Geister

benannte.

Ach, diese Noth ist ein Leiden, welches selbst das
Sanssouci eines Nabob zum Marterpfühl umgestaltet,
da es nicht blos in den Vorstädten wüthet, sondern auch
in der inneren Stadt herrscht, und nicht blos den Tag-
löhner, sondern auch den Gentleman allmälig als Opfer
dahinrafft.

Man höre!

Die Tortur wurde zwar abgeschafft, und doch gibt
es noch Folterwerkzeuge in Hülle und Fülle, welche in
Wien am helllichten Tage schonungslos zu unleiblichem
Henkerdienste verwendet werden. Derlei Marterwerkzeuge
heißen im gewöhnlichen Leben einfach: musikalische Instrumente.

Den Reigen derselben eröffnet — das Klavier.

Der Flügel vertritt im Reiche der Töne alle jene
Instrumente der Qual, welche im Mittelalter zur Zeit
der Tortur als Fingerpresse, eiserne Handschuhe, Pech-
knauel und spanische Kappe zu einer so traurigen Berühmtheit gelangten. Auf der Folterbank liegen oder neben

einem Klavierspieler wohnen, sind bereits gleichbedeutende Dinge geworden.

Ein Freund von mir geht noch weiter.

Er ist auch dazu berechtigt, da er als kundiger Arzt gilt.

Sein Ausspruch lautet:

»Das Klavier ist kein musikalisches Instrument mehr, es ist ein Unglück, eine Krankheit, eine Seuche, die in Wien namentlich zur Sommerszeit, der offenen Fenster halber, epidemisch auftritt, und die gesammte Nachbarschaft an gelinder Verzweiflung langsam verküm= mern macht.« —

Der Mann hat Recht.

Das Klavier hat es zwar noch nicht bis zur Cho= lera, aber doch längst zur Cholerine gebracht, denn es gibt hierlandes eine Klavierine, die meist durch die Hände junger Mädchen abgeht, und die Umgebung allmälig dahinbringt, entweder eine Stube im Taubstummen-In= stitute zu miethen, oder wohl gar nach Bedlam, nach dem Irrenhause zu wandern.

Das ist keine Uebertreibung!

Schreiber dieser Zeilen zählt nachstehende musika= lische Nachbarsleute. Im Hause selbst, auf die Gasse heraus wohnen zwei verstimmte Fortepianos und ein alter, gichtbrüchiger Flügel. Im Hinterhofe domizilirt ein ABC-Schütze auf der Flöte, eine heisere Violine, eine wassersüchtige Zither und eine lungenkranke Sängerin, welche bereits drei Ratten und sieben Mäuse zum raschen Selbstmorde bewogen.

Das ist aber lange noch nicht Alles!

In dem Hause gegenüber lauert abermals ein grei=
fer, tastenlahmer Flügel, eine siebzigjährige Physhar=
monika und ein Säugling von einer Harfe. Man denke
sich nun meine Folterexistenz als Ansiedler in diesem
Tonchaos.

Die drei Männer im feurigen Ofen schliefen dage=
gen auf Rosen gebettet.

Und erst das musikalische Repertoire!

Sämmtliche ausübende Künstler spielen fast durch=
wegs dieselben weißköpfigen oder doch wenigstens in Ehren
ergrauten Stücke. Die Arie „Brüderlein fein“ aus Rai=
mund's bekanntem Zauberstücke „der Bauer als Millio=
när“, der unermüdliche „Karneval von Venedig“, ein paar
Walzer, welche schon vor dreißig Jahren volljährig ge=
worden, bilden das Alpha und Omega der musikalischen
Hochgenüsse, die mir vom frühen Morgen bis zum spä=
ten Abend beschieden werden. In neuester Zeit hat sich
noch obendrein jener obenerwähnte Säugling von einer
Harfe in den Dessauermarsch verliebt, und die brustkranke
Dame kann sich Abends nicht früher zu Bette begeben,
als bis sie durch das Lied „holder Mond, nur du sollst
wissen“ den grämlichen Hofhund dahinbringt, daß er die
Hinterfüße in die Ohren stülpt, und auf den Vorderpfo=
ten in die nächste Kneipe humpelt, um seine Todesangst
in Fusel zu ertränken.

Man nennt Wien: die musikalische Stadt.

Das ist eitel Trug und Lüge!

Es herrscht daselbst nur wenig Sinn für das wahr=
haft Schöne und Ewige in der Tonkunst. Man zählt

eine Masse abgeschmackter Musikanten, aber nur eine geringe Menge wirklicher Tonkünstler.

Dies erhellt schon aus der Art und Weise, wie der Unterricht in der Musik betrieben wird. Unter hundert Mädchen lernt kaum eines wirklich Klavierspielen; den andern Kindern werden nur drei bis vier „Stückleins" eingetrichtert, welche sie trotz tausendfältiger Uebung täglich schlechter herableiern, so daß man nicht weiß, ob das Fortepiano plötzlich den Krampfhusten bekommen habe, oder ob seine Töne im vergangenen Winter eingefroren seien, und jetzt wie die Klänge von Münchhausen's Waldhorn in Folge der Sommertemperatur zum Schrecken der Umgebung allmälig von selbst losgehen.

Und deßhalb Schlafräuber und Ohrenmörder!

Zum Unglück ist das Klavier noch oberdrein ein lediges Instrument. Kaum daß sich die eingefleischteste Klavierspielerin verheiratet, so wird auch schon der Deckel des Flügels für Zeit ihres Lebens geschlossen. Da aber nicht jedes holde Kind mit sechzehn Jahren unter die Haube kommt, so währt es meist ein Decennium, ehe die grausame Tastenpaukerin endlich Frieden schließt, und die Nachbarschaft nicht länger bei klanggewordenem Feuer langsam zu Tode röstet. Wäre es nicht angezeigt, daß sich die junge Männerwelt vereinigen und einstimmig erklären sollte: Mein Fräulein, wenn Sie die Komödie „am Klavier" nicht augenblicklich aufgeben, so werden auch wir ein Lustspiel aufführen, welches da den Titel trägt: „Ich bleibe ledig!"

Glücklich die Taubstummen!

Wohl denen, die ohne Trommelfell auf die Welt kommen!

Steht aber das Gehör tiefer als der Sinn des Gesichtes oder des Geruches? Hat es nicht dasselbe Recht eine Injurienklage einzuleiten, und auf die Bestrafung des Malefikanten zu bringen? Die Wiener medizinische Wochenschrift drang einmal auf den Bau gewisser stiller Hütten und Hürden. Thäte es nicht dringender Noth, »öffentliche Klangpissoirs« zu errichten, wohin Eltern, welche durchaus musikalische Kinder besitzen wollen, ihre Kleinen zu senden hätten, auf daß wenigstens die Nachbarschaft nicht länger durch die Befriedigung dieser Tonbedürfnisse gequält werde?!

Es gäbe noch einen anderweitigen Ausweg.

Die Hausinhaber müßten verhalten werden, falls in ihren Gebäuden musikalische Stümper wüthen, am Thor eine Warnungstafel des Inhaltes aufzuhängen: »Hier grassiren die Klavierblattern« oder »hier wird man in das Irrenhaus gegeigt!«

Am zweckmäßigsten dürfte jedoch der Befehl sein, jeder, der musikalische Studien betreibt, habe auch im Sommer die innern wie die äußern Fenster während der Dauer seiner Uebungen verschlossen zu halten. Wer sich in glühender Julihitze »Klavierblaß« paukt, bei dem werden drei oder vier Grade Wärme mehr blutwenig verschlagen. Die Nachbarschaft aber würde am Tage der Publikation dieses Befehles zum ersten Male friedlich entschlafen, und am nächsten Morgen, aus Dank für die Rettung aus so entsetzlicher Gefahr, zweifelsohne eine Kollekte veranstalten, auf daß auch jener alte Leiermann

vor dem Karolinenthore pensionirt, oder doch wenigstens
mit einem neuen Instrument versehen werde; denn sein
gegenwärtiger Leierkasten ist ja doch nichts weiter als ein
musikalisches Seitenstück zu jenem mittelalterlichen Tor=
turverfahren, bei welchem dem Gefolterten siebendes Oel
oder Pech in die Ohren gegossen wurde.

Auch er ist ein Mehrer der Wiener Musiknoth!

––––––

## 3. Zigarre und Handschuh.

Zigarre und Handschuh erlebten in Wien ein ganz eigenthümliches Schicksal. Der Glimmstengel machte sein Glück, der Handschuh aber mahnt an ein verblüfftes Schooßkind, das ganz unerwartet in Ungnade gefallen. Die inländische Zigarre namentlich gleicht einem Parvenu, einem armen Handelsmanne, der mit Nichts angefangen, und doch die Kundschaften der ältesten Firmen an sich gerissen.

Was die ausländischen Glimmstengel, besonders die braunen Kinder der neuen Welt, anbelangt, so braucht hinsichtlich ihres Sieges nicht die mindeste Verwunderung aufzukommen, denn Wien bezieht ja seine Moden am liebsten aus der Fremde und die Amerikaner beginnen überhaupt das große Wort auf den Stappelplätzen von Europa zu führen.

Einst aber, ehe die duftigen Dons aus der Havanna an dem Gestade der Donau heimisch wurden, spielte die Tabakspfeife in Wien eine gewichtige Rolle. Meerschaumpfeifen schön anzurauchen war ein Verdienst, eine Kunst, welche zu den Lieblingsstudien der damaligen Jugend gehörte, gleichviel ob die jungen Leute zu den Dandys von Gold oder von Messing gerechnet wurden.

Graf B., zum Theil in Wien ansässig, ward durch die Pracht seiner Pfeifensammlung in ganz Europa bekannt, und verdunkelte selbst den Ruf jenes Kaffeesieders in Preßburg, dessen Vorliebe für Meerschaum fast zum Fetischdienst ausartete.

Auch ältere Männer schwärmten für die Tabakspfeife. Es war ihre letzte Liebe. Es gab ferner eine ganz eigenthümliche Sippschaft, eine förmliche Species von leidenschaftlichen Tabakrauchern. Der Wiener Witz nannte sie:

## Quaden.

Man meinte aber dabei keineswegs jenes gleichnamige kriegerische Volk, das in der grauen Vorzeit so umfangreiche Ländereien im jetzigen österreichischen Kaiserstaate besessen. Es handelte sich einzig um einen Spitznamen. Wollte ein Fremder rasch erkunden, was ein Quade sei, so brauchte er sich nur an einem heiteren Sommernachmittag vor dem Müller'schen Gebäude aufzustellen.

Damals stand die Stadtmauer noch.

Man muß sich ferner hiebei erinnern, daß zu jener Zeit das Tabakrauchen in der innern Stadt streng, bei Strafe verboten war. Kam nun ein Mann, der hastig bei dem Schanzelthor hinauseilte, und noch unter dem Durchgang eilig Feuer schlug, um seine Meerschaumpfeife, einen stattlichen Ulmerkopf, anzubrennen, dann wußte der Fremde, was jener Spitzname bedeute; denn ein echter Quabe ging nie durch die Laurenzergasse, nie durch das große Rothenthurmthor, nein, es trieb ihn mit zauberhafter Gewalt nach dem Müller'schen Gebäude,

blos um seine geliebte Tabakspfeife achtzig bis hundert
Schritte früher in Dienstleistung zu versetzen.

Das ist lang vorüber!

Die Quaben sind ausgestorben.

Der Glimmstengel hat die Tabakspfeife aus dem
Feld geschlagen, obgleich sich ein jetziges Zigarrenrohr zu
einem ehemaligen stattlichen Rákóczykopf nicht viel besser
verhält, als ein jetziger Chevalier zu den Riesengestalten
der alten Ritterzeit.

In neuester Zeit scheint jedoch in Kaffeehäusern und
Schenken die sogenannte »gestopfte Pfeife« wieder zu
Ansehen, zu Ehren kommen zu wollen.

Die Zigarre kam, sah und siegte.

Ein moderner Cäsar!

Dampf ist ja die Losung des neunzehnten Jahrhunderts.

Es lebe der Glimmstengel!

Ein schlimmeres Geschick ereilte den Handschuh. Der
französische Wahlspruch »bien ganté, bien chaussé«
war auch einst die Parole eines Wiener Gentleman. Es
gab keinen jungen Mann, falls er nur halben Anspruch
auf Eleganz machen wollte, der nicht blos im Salon, sondern auch im Freien anders als in netten Glacéhandschuhen
erschien. Der Glacéhandschuh war damals der Stempel
der Mode, der Freipaß durch das high life, das Frei-
maurerzeichen des Stutzerthums.

Es hieß: le gant c'est l'homme!

Der Handschuh war der Mann.

Die Wiener Handschuhe waren aber damals auch
berühmt in aller Welt. Der Name Jaquemar tönte

auch von den Lippen der Pariser Stutzer; man sagte da=
mals von ihm wie jetzt von dem berühmten Faguer=
Laboulée in der französischen Hauptstadt, seine weißen
Handschuhe seien eigentlich nur eine neue Epidermis
über der natürlichen Haut.

Auch das ging vorüber.

Die Wiener Handschuhmacher erfreuen sich zwar
noch ihres alten schönen Rufes, aber der Glacéhandschuh
ist kein Bedürfniß mehr in Wien, sobald nämlich die wär=
mere Jahreszeit begonnen. Im April endet seine Herr=
schaft. Er verschwindet, so wie sich die letzte Salonthür
geschlossen.

Armer Handschuh!

Die eigentliche Jeunesse dorée bleibt ihm zwar ge=
treu, auf den meisten Promenaden gilt der Glacéhand=
schuh zwar noch immer als Thermometer der Eleganz,
sonst aber herrscht wenig Nachfrage nach dieser anmuthi=
gen Lederhülle; auf hundert Paar Männerhände, deren
Eigner zu der feineren Schichte der Bevölkerung zäh=
len, kommen höchstens noch sieben Paar Handschuhe. Die
Hand hat sich emancipirt, sie zeigt sich am liebsten in
nackter Gestalt. Geht das so fort, so wird man den Früh=
ling, Sommer und Herbst in Wien bald nicht anders
mehr heißen, als:

Die handschuhlose Saison.

Genug der Jeremiade!

Schließlich will ich dem freundlichen Leser noch eine
kleine Stadtgeschichte erzählen, bei welcher ein Zigarren=

stumpf und ein Glacéhandschuh eine wichtige, ja entschei=
dende Rolle spielten.

Die Zigarre war der geheime Ankläger.

Der Handschuh trat als Sachwalter auf.

Doch zur Sache!

Ein reicher Mann, der einige Anlage zu einem klei=
nen Nabob besitzt, vermälte sich vor einigen Jahren während
seines Aufenthaltes in Paris mit einer weit jüngeren rei=
zenden Französin. Bald erfolgte die Heimreise. Keine
Wolke zeigte sich am Himmel des ehelichen Glückes, ob=
gleich es dem Gatten nicht recht munden wollte, daß er in
dem Boudoir seines eleganten Weibes nicht rauchen
durfte.

Eines Tages trat er nun zufällig zu einer unge=
wöhnlichen Stunde in diesen Tempel des Toilettezaubers.
Madame empfing den Herrn der Schöpfung sehr freund=
lich, und lustiges Geplauder machte die Minuten wie im
Fluge verrauschen. Plötzlich erbebte der Nabob, als sei
er auf eine Schlange getreten. Er mußte sich abwenden,
um die Leichenblässe seines Gesichtes zu verbergen. Es
war aber keine Natter, die ihn bedrohte, sondern sein Fuß
stieß an einen Zigarrenstumpf, der von dem Simse des
Kamines, darauf er zweifelsohne gelegt worden, zufällig
herabgefallen sein mochte.

Wer konnte im Boudoir einer eleganten Dame sich
so weit vergessen, eine Zigarre zu rauchen, und sei sie
hundertmal eine echte Dos Amigos aus der berühmtesten
Tabakpflanzung in der neuen Welt!

Entsetzlicher Verdacht!

Das Auge des Nabob sprühte unheimliches Feuer,

2 *

sein Blick schien einem Luchse entwendet zu sein, der eben frische Beute wittert. Und doch hieß es an sich halten, um das Geheimniß listig zu erspähen.

Auch konnte ja noch immer ein Irrthum obwalten. Zofen pflegen in Abwesenheit ihrer Herrin das Boudoir aufzuräumen; zuweilen halten sie dort ein kurzes Zwiegespräch mit einem hübschen Domestiken, der eben eine Meldung ausgerichtet. Domestiken kaufen sich zwar keine Dos Amigos, aber sie lieben es, dieselben zu rauchen, nachdem sich der köstliche Glimmstengel aus dem Zigarrenetui ihres Gebieters zufällig an ihre eigenen Lippen verirrte.

Vorsicht war also rathsam.

Plötzlich erblaßte der Gatte auf's Neue. Hart an dem Divan lag ein Glacéhandschuh, offenbar für eine Männerhand bestimmt. Der Nabob ergriff ihn mit zürnender Geberde, doch siehe da, gleich darauf spielte ein freundliches Lächeln um seine Lippen. Der Handschuh wies inwendig den Stempel der Pariser Firma: Faguer-Laboulée.

»Du hast heute Besuch gehabt, mon ange?«

»Ja, mein Bruder Charles war bei mir. Ich wurde bitter böse. Du kennst den Wildfang. Ein echter Africain! Er ließ es sich nicht nehmen, in meinem Boudoir zu rauchen.«

»Tant de bruit pour une omelette!«

Also flüsterte der beruhigte Gatte. Bruder Charles war auf der Tour nach Konstantinopel begriffen, repräsentirte nebstbei den Inbegriff eines Pariser Löwen. Seine Toilette galt ewig als tabellos.

Es war ein Beau jeder Zoll.

Genug hierüber!

Und die Moral der Geschichte?

»Bien ganté, bien chaussé,« sei und bleibe der Wahlspruch eines Gentleman.

Es lebe der Handschuh!

———

# 4. Der Tanz eine Wissenschaft.

Auch die neueste Tanzkunst gehört zu den Stadtplagen von Wien. Die Parketten unserer Salons werden zwar von keinen Insekten heimgesucht, aber sie nisten sich, diese Blattläuse nämlich, in den sogenannten Tanzboden ein und zwar unter wunderlich klingenden Titeln neuer Pas und Tänze.

Der Tanz in Wien verdient schon lang den Beinamen einer Wissenschaft.

Man muß auf unsern Tanzsälen ein Leibniz sein.

Es bedarf eines Gedächtnisses, wie es Kardinal Mezzofanti besessen; reicht doch kaum mehr ein halbes Leben voll Studium aus, um die Namen der vielen alten wie neuen Tänze auswendig zu behalten.

Armes Gedächtniß!

Man wird sich gar bald wie die liebe Schuljugend mit choreographischen Lehrbüchern unter dem Arm zu den Soiréen von Strauß Sohn begeben, oder wohl gar einen Dictionnaire de poche in usum Terpsychorens mitnehmen müssen, um sich bei den tausenderlei Touren schlimmsten Falles die nöthige Auskunft zu verschaffen.

Gelehrsamkeit und Amusement sind feindliche Geschwister.

Die Freude flieht die Wissenschaft.

Auch unsere Tänze sind bereits mehr Roboth als Vergnügen.

Prinz Karneval war in früheren Tagen ein echtes Wiener Stadtkind. Sein lustiges Regime ging stets unter Jubelklängen zu Ende, und ob man ihm auch zuweilen etwas Schlimmes nachzureden wagte, so waren es doch mitunter herrliche Nächte, die wir Altwiener in unserer Jugendzeit unter seiner Schellenkappe verlebten. Deshalb grollten wir auch nie dem lebensfrohen Führer auf dem Pfade unschuldiger Narrheit, wenn uns selbst am jeweiligen Aschermittwoch nichts übrig blieb, als — garstiger Katarrh oder Schnupfen.

Die schönen Tage von Aranjuez sind vorüber!

Prinz Karneval zu Wien schämt sich nunmehr seines Taufscheines, seiner Geburtsstätte. Er ist ein Weltbürger, a citizen of the world geworden. Kosmopolitismus ward seine Devise, sein Banner besteht aus einer Abschrift, aus einem Pedeskripte der fremdartigsten Tänze.

Wie in dem Heerlager des Friebländers bei Pilsen hört man in seinen Salons alle Dialekte und Sprachen von der Spree bis zur Donau, von der Seine, Weichsel und Newa bis zur Moldau und Save, von der Themse bis zum Tajo, Po und Ganges. Seine Tanzkarte, die leider eine Wahrheit wurde, umfaßt jeglichen Reigen der zivilisirten Welt, und es fehlt nur noch, daß man in die Aesthetik der Wiener Tanzkunst auch die Pas des Zwergvolkes Dolo im Innern von Afrika aufnimmt, kurz den Tanz jener schwarzen Sippschaft aus Liliput, die sich bei

ihren abgöttischen Festen zur größeren Andacht und Un=
terhaltung auf den — Kopf zu stellen pflegt.

Bei so viel Gelahrtheit sind Zopf und Langweile
selbstverständliche, ja unvermeidliche Dinge. Man ennu=
yirt sich bei so manchem neuesten Tanze gerade so unerträg=
lich wie bei der Lektüre eines philosophischen Wörterbuches.

Wie lächerlich nimmt sich zudem das gewöhnliche
Ballkostüme aus, wenn irgend ein wild dahinbrausender
Nationaltanz in Szene gesetzt werden soll. Es ist gerade
so, als ob der Schulmeister Bacherl aus Pfaffenhofen be=
hauptete, er habe eigentlich den Csárdás erfunden, und
sei von den Ungarn darum bestohlen worden. Ein vielge=
reister Tourist sagte uns jüngst, derlei abgeschmackte choreo=
grafische Versuche seien geradezu Hochverrath, ja Tod=
sünde, gegen die Länder= und Völkerkunde begangen.

Wir selber wollen nicht so streng richten und be=
gnügen uns mit der Angabe, daß ein Fandango, bei
dem man statt der Kastagnetten einen schwarzen Frack
ausklopfen hörte, sich nicht widersinniger ausnehmen
würde, als der Kontrast zwischen Tanz und Kostüme,
wie er in so manchen Wiener Salons gang und gäbe zu
sein pflegt.

Die schlimmsten Nachwehen blieben nicht aus.

Prinz Karneval kommt mehr und mehr um seinen
Nimbus, um seine schöne Reputation. Man gedenke nur
der Redoute in der letzten Fastnacht.

Armer Fürst Fasching!

Wie einförmig hatte sich doch deine letzte »Ball=
nacht« gestaltet! Langeweile, so hieß der neue weibliche
Ankarström, welcher den ritterlichen, aber zu gelehrt ge=

wordenen Regenten Karneval um die Mitternachtsstunde meuchlings in die Ewigkeit sendete.

Maskenball?!

Mummenschanz?!

»Worte, leere Worte!«

Also sprach schon Hamlet, Prinz von Dänemark.

Wo sind die Maskenquadrillen nach Walter Scott's Romanen, einst so beliebt in der Crême der eleganten Welt in der Kaiserstadt am Ister? Wohin gerieth der Zug der Frau Venus aus dem Horselberg, mit dem ritterlichen Schleppträger Tannhäuser, mit der Unzahl Sylphen, Undinen und Salamander, mit Eckhard, dem getreuen Warner an der Spitze?

Weiß Niemand um das Mädchen aus der Fremde, um den zärtlichen Ritter Toggenburg, um den Erlkönig mit seinen Töchtern, um so viele andere poetische Masken? Diese träumerischen Gestalten sind verschollen, die Larven allein sind geblieben. Selbst Harlekin kam um seine Pritsche, selbst die tölpische, aber hochkomische Race der weißen Pierrots droht auszusterben. Der englische Dichter Campbell schrieb ein Gedicht, »der letzte Mensch« — the last man — betitelt; vielleicht erscheint bald ein Seitenstück, und zwar unter dem charakteristischen Titel »der letzte Domino«.

Auch eine weitere Kunst ging verloren. Man höre! Knigge verfaßte ein Buch über den »Umgang mit Menschen«; in Wien ist eine noch weit ältere Anleitung zu dem »Umgang mit Fächern« abhanden gekommen. Erinnerst du dich, geneigter Leser, zufällig an dieses oder jenes

Fräulein aus deiner Bekanntschaft? Die hübschen Fingerchen dieser Schönheit schreiben vielleicht eine leserliche Hand, zeichnen nett in ein Album, hüpfen sehr geläufig über die Tasten, aber wissen Sie, meine Herren und Damen, würde hier Max Schl. fragen, was diese »soignirten« Finger nicht können?

Und das wäre?

Keinen Fächer können sie regieren:

Und was ist ein Ball ohne Fächer?

Es sieht gerade so aus, als besitze das besagte Fräulein zwei linke Arme, zwei linke Hände. Erhebt es den Fächer, dann möchte man glauben, eine spanische Wand in Miniatur sei plötzlich — lebendig geworden. Vorwärts, Feuilletonisten vom deutschen Kiel! Wer schreibt über den »Umgang mit Fächern«?

Doch zurück zum Wiener Tanze!

Zum Tanze, der eine Wissenschaft geworden!

Eine Schilderhebung der Jugend thut Noth.

Sie wird auch nicht lang ausbleiben.

Ein deutsames Wahrzeichen im verflossenen Karneval war bereits der Umstand, daß die meisten Gesellschaftsbälle so spärlich besucht blieben. Schreiber dieser Zeilen hat ähnliche Signale der Zeit schon vor dreißig Jahren erlebt.

Auch damals spielten die Tanzmeister die Zwingherren im Lande Terpsychorens; auch in jenen Tagen war die Tanzkunst zu einer kompleten Wissenschaft geworden, und die Tanzkarte glich der Bastille, darin man die echte Lust und Freude am heiteren Reigen mit Hilfe

gezeichneter lettres de cachet verkümmern machte. Plötz=
lich aber sah man die Aktien der Gesellschaftsbälle tief
unter pari sinken. Der Hausball, der jour fix kam in
die Mode, Vater Lanner erschien mit seiner Zaubergeige,
und bei den Klängen seiner »Schnellsegler« erstürmte die
ergrimmte Jugend die Bastille, darin sich die erschrocke=
nen Tanzmeister vergebens mit ihrem »getanzten Zopf=
thum« zu verschanzen suchten.

Man schlug sie zwar nicht todt, wie es weiland zu
Paris dem Kommandanten Launoy, dem Major de
Losme und dem Maire Bessebes ergangen, aber sie waren
für eine lange Zeit, für mehr als ein Dezennium um
ihren Purpur, um ihr gebieterisches »car tel est notre
bon plaisir« gekommen.

Alles wiederholt sich hier im Leben!

Kotillon und Walzer werden auch diesmal siegen.

Es ist auch die höchste Zeit, denn unsere schönen
Wienerinnen, einst so berühmt durch ihre Meisterschaft im
Walzer, wissen gegenwärtig wohl französisch, böhmisch,
ungarisch und polnisch zu tänzeln, aber in einer Tour
langaus durch den großen Redoutensaal zu walzen, diese
Kunst haben sie leider schon längst verlernt und vergessen.

Nieder mit den getanzten Zöpfen!

Die echte Tanzfreude wird erst dann aufs Neue
wildlustig erwachen, wenn ein zweiter Diogenes erscheint,
und im Ballsaale trotz seiner Laterne, trotz hundert Gas=
flammen keine Tanzkarte vom Jahre 1860 mehr aufzu=
finden vermag.

Dann endet auch die Wiener Tanznoth!

Und diese Noth stieg auf das Höchste.

Es ist nicht blos das vornehme Fräulein, es ist selbst die Grisette, wie die »Magd im Putz«, welche den Leibtanz von Altwien zu verläugnen wagt, und mit fremden »Tanzlingen« liebäugelt.

Es lebe der Walzer!

————

# 5. Der Theaterverbitterer.

Es lebt hier ein Mann, den man das lebendige Tagebuch, die wandelnde Encyklopädie der Kaiserstadt oder das redende Wiener Konversationslexikon nennen könnte. Dies Menschenkind weiß Alles, was sich seit mehr als einem halben Sekulum in der Residenz des österreichischen Kaiserstaates zugetragen.

Wundersamer Vielwisser!

Männliche Mnemosyne!

Das Gedächtniß dieses Mannes ist fabelhaft, ich glaube, er vermag das Datum anzugeben, wann der selige Prinz de Ligne das gerühmte Bonmot „le congrès danse, mais il ne marche pas" vom Stapel laufen ließ. Was sein Alter anbelangt, so gibt es hierüber tausenderlei Gerüchte; einige halten ihn für einen Abkömmling aus dem Hause Methusalem, andere fabeln von dem ewigen Juden, viele leben sogar der Meinung, er sei wohl gar der räthselhafte Graf Saint-Germain, nur daß er gegenwärtig incognito in Wien verweile.

Letztere Angabe dürfte nach meinem Kredo der Wahrheit wohl am nächsten kommen, denn der Mann hat Alluren, welche das Gepräge des feinsten Salonlebens verrathen.

Wie dem sei, an und für sich ist ein derlei leben=
diges historisch=topografisches Wörterbuch von größter
Bequemlichkeit. Man braucht es nicht einmal aufzuschla=
gen; es ertheilt von selbst die erbetene Auskunst. Das
fragliche Menschenkind ist zudem ein Ausbund von Lie=
benswürdigkeit. Man möchte sagen, der Mann rede
Blumen. Hütet euch aber dem allwissenden Gesellen in
irgend einem Theater in die Nähe zu kommen! Dann seid
ihr verloren. Er ist ein eingefleischter Lobredner der Ver=
gangenheit—laudator temporis acti — er ist ein wan=
delndes Mikroskop, das jeden Verstoß in hundertfachen
Vergrößerungen erscheinen läßt; er ist mit einem Worte ein

### Theaterverbitterer

vom reinsten Wasser, Vollblut jeder Zoll.

Wenn ich einen hiesigen Thespistempel betrete, und
den Mann im Parterre gewahre, so flüchte ich mich nach
der letzten Gallerie, falls mich der Feuilletondienst für
den Abend festbannt, oder ich verlasse das Theater so=
gleich, falls ich dasselbe blos meines Amusement halber
besuchte.

Der räthselhafte Alte überall und nirgends weiß ja
die schönste Illusion wie eine Seifenblase zu zerstören.
Seine Worte sind eisigkalte Douche; wenn er spricht, so
ist es gerade, als ob man frappirte Limonade zu trinken
bekäme. Befindet sich ein Thermometer in der Nähe, so
sinkt das Quecksilber selbst in den Hundstagen sicher unter
den Gefrierpunkt herab.

Ein paar Beispiele mögen dies deutlicher erklären.
Man höre!

Man gab eines Abends ein feines Lustspiel im Burgtheater. Das Stück wurde nett gespielt, nicht so elegant wie in den Tagen Schreivogel's, aber immer recht lobenswerth, einer Hofbühne ziemlich würdig.

Es freute mich, den Salon in Wahrheit nach den weltbedeutenden Brettern verlegt zu sehen. Ein höhnisches Räuspern wurde in meiner Nähe vernehmbar. Der Räthselhafte stand neben mir. Er frug:

»Erinnern Sie sich noch an Maximilian Korn?«

Wehmüthige Gedanken zogen mir durch den Sinn.

Maximilian Korn, dachte ich, ist ja lange todt. Mit ihm ging der letzte Ritter des feinen deutschen Lustspiels zu Grabe, wie bereinst mit dem Ableben Ludwig Löwe's »der letzte Poet auf der Bühne« verschwinden dürfte. Korn wußte sich im Salonkostume wie in Uniform, als bürgerlicher Danby wie als Chevalier mit gleicher Ungezwungenheit und Natürlichkeit zu bewegen. Ich erinnere mich noch lebhaft des stürmischen Beifalles, in welchen mehrere Husarenoffiziere im Parterre des Burgtheaters ausbrachen, als Korn in der »Unvermälten« im Dolmány spornklirrend auf die Bühne eilte.

Ein Glanzmoment seines Savoir faire war sein Entrée in den gräflichen Salon in dem Stücke »Menschenhaß und Reue«. Hier kam in der That Kavalier zum Kavalier. Der große Mime Eßlair nahm sich in dieser stummen Scene mit unserem Hofschauspieler verglichen wie ein Thürsteher aus. Bei dieser Begabung, bei diesem Feuer läßt sich wohl leicht denken, daß Korn das Sweetheart, der Liebling der Frauenwelt werden mußte. Eine hochgestellte Dame meinte einmal, sie müsse fortan auf

jegliche Liaison verzichten, denn nach einer Liebeserklä=
rung Korn's auf der Bühne könne man keine andere
mehr im wirklichen Leben anhören.

Derlei Gedanken kamen mir in den Sinn.

Meine Illusion war zerstört.

»Verdammter Theaterverbitterer!«

So murmelte ich, das Schauspielhaus verlassend.

Noch schlimmer erging es mir im vorigen Sommer
im Operntheater. Auf der Affiche stand das Ballet »Car=
nevalsabenteuer in Paris« verzeichnet. Ich belustigte mich
leiblich. Das Ballet ist zwar durchaus keine werthvolle
choreographische Leistung, aber ein treues Abbild der
Pariser Grisettenwirthschaft; man glaubt sich bei Ma=
bille, in der Chaumière zu befinden. Plötzlich wurde das
bekannte ominöse Räuspern hörbar. Ich wußte, was
folgen mußte.

»Schöne, reizende Kinder diese Tänzerinnen,«
lispelte der alte Guignon der Theaterfreude, »aber eine
Heberle kommt doch nicht mehr nach Wien!«

Unselige Rede!

War es mir doch, als werde urplötzlich der Vorhang
vor dem Fenster der Erinnerung zurückgeschlagen. Da ge=
dachte ich der Zwanzigerjahre, des aufgelösten Kinder=
balletes, das unter Horschelt's genialer Leitung die
Kasse des Theaters an der Wien zu einem vormärzlichen
Kalifornien umgestaltete. Das Operntheater wurde zum
neuen Stelldichein seiner talentvollen Zöglinge. Damals
tanzte noch die herrliche Milliere, das anmuthige
Weibchen Rozier schwebte wie eine Libelle, und die rei=

zende Anmer erschien als neu zum Leben erstandene griechische Grazie.

Und erst die Ratten des Ballets!!

Es war eine Blumenlese schöner Jugendfrische, was
damals diesen Titel führte. Da kam Maria Taglioni,
die Aeltere, welche später sagen durfte: La danse c'est
moi! — Sie hatte damals noch keine Nebenbuhlerin und
alle Welt war gut taglionisch gesinnt. Da zeigte sich
Fanny Elßler, nach einigen Jahren die „Göttliche"
genannt, und selbst von den poesielosen Yankees bis an
die Sterne erhoben. Die Elßlerritterschaft zählte aber in
jener Zeit noch wenig Ordensmitglieder. Da erschien
Fanny's Schwester, diese tanzende Palme, da gaukelte
die arme kleine Hasenhut vorüber, ferner Angioletta
Mayer und noch manche andere holde Ratte, deren
Leichtfüßigkeit an jene Maid aus Hellas erinnerte, die
über Blumen hinweglief, ohne auch nur eine Knospe zu
knicken.

Das war aber Alles nur Beiwerk!

Als die Rose unter diesem Strauß Vergißmein-
nichte, als die Schönste der Schönen galt ein reizendes
Mädchen, in das alle Welt verliebt war, das schalkhaft
auftrat, und dann, obgleich noch keine Tänzerin ersten
Ranges, Dank ihrem bezaubernden Gesichte sagen durfte:

„Ich kam, sah und siegte!"

Therese Heberle?!

Ja, so lautete der Name der holden Erscheinung.

Und erst ihr Auge, diese Sonne um Mitternacht,
dies gottvolle Auge! Ein Ballet, darin sie eine größere

Rolle spielte, hätte am richtigsten „der verkörperte Liebes=
blick" geheißen.

Auch diesmal war es um mein Vergnügen ge=
schehen.

Der Theaterverbitterer hatte mir den zweiten Abend
verdorben.

Ein lebendiger Becher Wermuth!

Und so treibt er es fort, so oft mich mein Unstern
während der Theaterzeit in seine Nachbarschaft führt. Im
Carltheater erinnert er mich an Therese Krones, an
Raimund, Korntheuer und Schuster, an der Wien
mahnt er an Carl, Nestroy und Scholz, an diese
Trias unvergeßlicher Wiener Komik; in der Josefstadt
endlich erzählt er von dem fruchtbaren Tolb, von Zelia=
Planer, von dem hübschen Balletcorps der Madame
Weiß, von dieser jungen Garde Terpsychorens, welche
dem alten Pokorny zu so manchem Siege verholfen. Ihr
Banner sei ein wahrer Zauberschleier gewesen! — Nie
kann da die Gegenwart gegen die Vergangenheit auf=
kommen.

Das letzte Mal traf ich ihn im Circus Renz.

„Nun hier," dachte ich, „kann der Störefried keinen
Spuk treiben."

Groß geirrt!

Die wackeren Reiter und Reiterinnen ließen ihre
Rosse eben durch die vielen Reife springen. Es war ein
prachtvoller Anblick.

„Kinderspiel, Narrenpossen," brummte mein Nach=
bar, „Nachkommen der alten Centauren findet man nur
im wirklichen Leben. Denken Sie an eine englische

Steeple chase, an ein halsbrecherisches Kirchthurmrennen; oder erinnern Sie sich gefälligst an den Denkstein hart an der Allee, die nach dem gräflich Sandor'schen Schloß Bajna in der Graner Gespanschaft führt!«

Der Theaterverbitterer war im Rechte.

Die Wirklichkeit schlug diesmal die Kunst aus dem Felde. Die Geschichte jenes mir wohlbekannten Denksteines lautet:

Eine englische Vollblutstute, dem Grafen Sandor gehörig, ging mit einem Groom durch und setzte über einen Bach, dessen Breite nahe an zweiundzwanzig Fuß beträgt. — »Was du kannst, kann ich auch,« rief der Graf nach erfolgter Meldung, ließ die Stute nochmals satteln und vollbrachte glücklich den fast unglaublichen Sprung.

Das nenne ich reiten können!

Der Wiener Volkswitz, dem Graf Sandor als eine der populärsten Gestalten gilt, nannte ihn nie anders als den »Stallmeister des Teufels«. Die halsbrecherischen Abenteuer des Grafen gaben zudem zu einer ebenso geistreichen, als originellen Illustration hinreichende Veranlassung. Graf Sandor ließ nämlich seine Waglingsstücke als Reiter durch den Künstler Prestl, den besten deutschen Pferdemaler, der gegenwärtig in seiner Vaterstadt Frankfurt am Main lebt, malen und in einem Buche sammeln, das sich noch jetzt in der Bibliothek des gräflichen Schlosses zu Bajna befindet.

Es ist ein geniales Werk!

Auf dem Titelblatte weist sich ein entsetzlicher Abgrund. Rechts und links zeigen sich steil abgeschnittene,

3 *

himmelhohe Felsen. Ein Roß, das augenscheinlich zum
Sprung über den Abgrund gespornt wurde, aber dabei
verunglückte, stürzt zerschellend in die grauenhafte Tiefe.
Sein Reiter Graf Sandor schwebt über der Kluft, denn
die Hand seines Schutzgeistes, aus Wolken herablangend,
hält ihn an einem einzigen Haare seines Hauptes
gefaßt und bewahrt ihn so vor dem unfehlbaren Tode.

Auf der Rückseite des Buches sieht man das Palais
des Grafen, auf der Donauseite der Ofener Festung ge=
legen. Mehrere Kavaliere reiten auf dem Dachstuhle
Steeple chase und setzen dabei lustig über die Schorn=
steine hinweg. Im Hofe kehren Lakeien in der gräflichen
Livrée eine Unzahl menschlicher Gebeine, wie Arme, Füße,
Köpfe als die Ueberreste eben verunglückter Reiter mit
dem Stallbesen zusammen. Graf Sandor steht, die Ar=
beit überwachend, am Portale, aber blos als — Rumpf,
den eigenen Kopf, sprechend ähnlich getroffen, hält er
unter seinem rechten Arme.

Der Theaterverbitterer hatte Recht.

Die Wirklichkeit beschämte die Kunst.

Und wer mag denn eigentlich jener Quälgeist sein,
welcher das Jetzt so oft durch das Einst verstört? Lord
Byron gedachte einmal eine Novelle zu schreiben, „der
Doppelgänger" betitelt. Der Held der Erzählung sollte
sich zuweilen selbst erblicken, aber in drohender Gestalt
und Haltung. Der große Britte wollte damit das Ge=
wissen verkörpern. Mein Theaterverbitterer ist vielleicht
auch nur die Inkarnation meiner eigenen Erinnerung an
schönere Tage.

Einst und Jetzt!

## 6. Salon und Presse.

Die Salons in Wien leiden an einem zweifachen Uebel, sie kranken erstens an den eigenen Mißständen, zweitens an dem peinlichen Umstand, daß an dem Thee-tische der eleganten Welt gerade jene Gäste zu fehlen pflegen, die man eben vorzugsweise als bekannte Habi-tués daselbst treffen sollte.

Beginnen wir mit dem erstern Urübel.

Unsere meisten Salons sind blos Gesellschaftszimmer. Soiréen des Geistes und der Kunst, wie sie in Paris und London gang und gäbe sind, werden in Wien nur ausnahms-weise hie und da veranstaltet. Es fehlt an einer deutschen Recamier, an einer Dame, welche einen Kreis von Dichtern, Künstlern und Gelehrten um sich zu versammeln und in der Weise der Dubefants und Geoffries des achtzehnten Jahrhunderts ein bureau d'esprit zu grün-den verstünde.

Leider liegt hier nebstbei noch etwas in der Luft, das mir die Lippen zu versiegeln droht, denn ich billige in derlei Fällen das türkische Sprichwort, Sprechen und Schreiben sei blos Silber, Schweigen hingegen lauteres Gold. Wie nothdürftig es übrigens mit unseren Salons bestellt sein mag, der Besuch derselben zählt demungeach-

tet noch immer zu den heiligsten Pflichten der Vertreter
der Poesie wie der Tagespresse.

In Paris hat man dies längst erkannt.

Es stammt noch aus dem Vormärz her, daß man
in dem großen Neubabel an der Seine zur »lebendigen
Reclame« griff, kurz, daß man ein anmuthiges weibliches Wesen, in eine Robe von schwarzem Atlas oder
von perlgrauem Taffetas gehüllt, zum Herold der Presse,
zum Lobengel der Druckerschwärze schulte. Den Journa-
len glaubt man nicht mehr, die Kritik kam längst um
ihren Purpur. Das geflügelte Wort muß in unserem
Zeitalter der Zweifelsucht den todten Buchstaben ersetzen.

Salon und Presse?!

Sonderbare Nachbarschaft!

Und doch sind es im Geiste wahre Blutsverwandte!

Die Presse ist der alte gelehrte, hoch angesehene
Oheim, dessen Stimme im Rathe, in der Diplomatie,
wie in der Legislative den Ausschlag gibt; der Salon
aber erscheint als schwatzhafte, bildschöne Nichte, welche
alle Opponenten im Vorhinein durch verliebte, bered-
same Blicke zu einem milden Urtheil bewegt, und die
reizenden Sabinerinnen vertritt, welche sich einst, Frieden
stiftend, zwischen die zürnenden Väter und grollenden
Römer stürzten. So mancher parlamentarische Sieg war
schon ein paar Abende früher in dem zauberhaften Salon
irgend einer Madame Roland im Vorhinein verbrieft und
besiegelt.

Dies gilt auch in der Literatur.

Ein Buch, das einmal sein Glück im Salon gemacht,
gelangt gewiß auch zur großen Tour durch alle Lande der

neuen wie der alten Welt. Der Dichter wird jetzt nicht mehr
auf dem Forum gekrönt; zum Weltruhme genügt jetzt
eine frischgepflückte Rose, die uns für einen Band Lie-
besgedichte aus einem Boudoir zugeworfen wyrde. Selbst
der Journalist, der nicht als Stammgast eleganter Salons
gilt, ist nur ein Stiefkind der Presse. Wenigstens findet
er nirgends Gelegenheit, das mütterliche Erbe vollwichtig
zu verwerthen. Ein Feuilleton, das nicht am Theetisch
gelesen und gepriesen wird, bliebe am besten ungeschrieben.

Ist dies aber der einzige Thermometer seines Kunst=
werthes?

Das wohl nicht, aber es begrenzt seine Wirksam=
keit; deßhalb steht auch der Journalist bei Völkern, die
sich eines Salonlebens im großartigen Style erfreuen,
in weit höherem Ansehen, als im ehemaligen heiligen
römischen Reiche. Betrachtet einmal unsere Tintengenossen
in Frankreich und England! Was sich daselbst an Talent
auf jeglichem Gefilde des Parnasses entfaltet, findet all=
überall die gebührende Anerkennung und Förderung.

Besagtes Talent gleicht einer Dollarnote von hohem
Nennwerthe, die natürlich schwer an den Mann zu brin=
ger wäre. Die Salons vertreten jedoch die Wechselstuben,
wo diese Note augenblicklich in gangbare klingende
Scheidemünze umgesetzt wird, auf daß Letztere im gan=
zen Lande circulire.

Und ist das Alles?

O nein, es gibt noch einen anderweitigen Vortheil,
welcher dem auswärtigen Poeten, Schriftsteller oder Jour=
nalisten aus seinem Verweilen im high life wie in der
beau monde zu erwachsen pflegt. Der feine Ton, das

gewisse anmuthige Savoir faire wird ihm dort allmälig
zur zweiten Natur. Dies spiegelt sich auch dann später
in seinen Werken ab.

Salon und Presse ergänzen sich gegenseitig.

Selbst in Deutschland gibt es ein paar Beispiele
dieser gegenseitigen Ergänzung. Auch wir zählen einige
Männer der Feder, deren Werke sich nie einer so großen
Verbreitung erfreut hätten, wären ihnen nicht die Flü-
gelthüren zu den Appartements der großen Welt offen
gestanden. Dort eigneten sie sich auch jenes superbe atti-
sche Salz an, welches ihre späteren journalistischen Artikel so schmackhaft und mundgerecht gestaltete.

Eine Schwalbe macht jedoch keinen Sommer.

So sehen wir denn hierlands gar manchen Vertreter
deutscher Poesie und Journalistik noch immer den Aschen-
brödel spielen, ja sich meist in dieser Rolle gefallen. Die
bitteren Nachwehen bleiben nicht aus, zumal besagte
»Cenerentola« gewöhnlich in plumper Beschuhung steckt,
und daher jenen kleinen schmucken Pantoffel gar nicht
verlieren kann, mit dem sie in dem gleichnamigen Märchen ihr Glück zu machen wußte.

Honny soit qui mal y pense!

In Wien ist diese Abneigung der Poeten und Journalisten, die Salons der eleganten Welt zu besuchen,
nicht immer die Folge einer gedrückten Stellung. Die
Hauptursachen sind meist eine alte Jugendsünde oder der
Mangel eines anderweitigen gesellschaftlichen Talentes.

Jene Sünde besteht in schlechter Aussprache.

Viele heimische Schriftsteller sprechen ein Deutsch,
so grimmig häßlich, daß Moses damit die Pharaonen

aus Egypten gejagt haben würde, ohne unnöthiger Weise
mit Kröten und Fröschen zu bramarbasiren.

Im Salon darf man aber nicht blos als Schöngeist
gelten, nein, man muß auch als Schönredner festen
Fußes aufzutreten vermögen. Sonst ergeht es einem wie
jenem Engländer, welcher Göthe's „Erlkönig" vortrug
und diese Dichtung mit den Worten schloß:

Er hält in den Armen das „achtzehnte" Kind.

Nun zu jenem weiteren gesellschaftlichen Talente!

Ich verstehe darunter die Kunst, richtig vorlesen zu
können. Man hält dies für sehr leicht, irrt sich aber gewaltig.
Vorlesen konnte selbst Schiller nicht. Wenn er es wagte,
dann sollen auch alle Ratten in der Nachbarschaft Reiß=
aus genommen haben. Dies ist auch die einzige Aehn=
lichkeit, welche so viele junge Dichter der Neuzeit mit
dem Schwan von Weimar aufzuweisen haben.

Einem dieser Poeten ging es einmal sehr schlecht.

Er las eine seiner Dichtungen in einem größeren
Cercle vor. Alles verhielt mühsam das Lachen, am andern
Morgen aber stand in dem Insertionsblatte einer bekann=
ten Zeitung zu lesen:

„Eine Stube, in der Herr N. N. vorliest, ist augen=
blicklich zu verlassen."

Beide Uebelstände sind bedauernswerth.

Der Mangel an Talent zum Vorlesen läßt sich je=
doch leichter beseitigen. Man braucht blos einen gewand=
teren Freund oder eine geistreiche Dame als Stellvertreter
zu gewinnen. Auch pflegen fast in jedem Salon ein paar
Vertreter der Schauspielkunst gegenwärtig zu sein.

Der Ersatzmann ist also leicht zu finden.

Schlimmer steht es mit der Aussprache. Einige Aufmerksamkeit auf seine eigenen Worte hilft jedoch über die Klippe des ersten Abends, und hat man einmal den genialen Mann erkannt, dann hält sich die Gesellschaft mehr an den Goldgehalt der Gedanken als an die Schlacken der Redeweise. Es darf also nur an gutem Willen nicht fehlen, man muß blos keine unbesiegbare Abneigung gegen jeglichen Zeitvertreib hegen, der sich über das Niveau der so beliebten deutschen Schenkenfreuden zu erheben pflegt.

Salon und Presse ergänzen sich gegenseitig.

Wer in den höheren Schichten der Gesellschaft nicht daheim ist, bringt es als Poet höchstens zum Lokalsänger, nie aber zum Volksdichter im schönsten Sinn dieses Wortes. Auch die gebildete Welt gehört ja zu dem oft so beschränkenden Begriff »Volk«. Die Chansons des Dichters Beranger klangen von dem Munde des armen Mannes, sie schwebten aber auch auf den feingeschnittenen Lippen in den Salons des aristokratischen Faubourg Saint-Germain.

Zum Schlusse eine Art Fabel!

Sie lautet:

Die Musen behaupteten einmal, ihre Günstlinge seien die Herren der Welt; die Grazien aber meinten gelassen, erst ihr Kuß gebe dem Menschenkinde die dichterische Weihe für das ganze Leben.

Es kam zu einer Wette.

Beide streitenden Sippschaften ließen sich durch einen auserwählten Poeten vertreten, und siehe da, der Schützling der Musen, er hieß Grabbe, ging trotz hoher In=

spiration unter im Fuseldampfe der Schenkenfreuden.
Das verzogene Schooßkind der Grazien aber, Heinrich
Heine genannt, blieb trotz mancher Stunde poetischer
Liederlichkeit der erklärte Liebling der gesammten gebilde-
ten Welt.

Der Salon ist ein Stück Heimatland der Grazien!

————

## 7. Billard und Spieltisch.

～～～

Andere Zeiten, andere Sitten!

Die Jugend der Gegenwart scheint alt auf die Welt zu kommen; sie entsagt freiwillig den lustigsten ehemaligen Amusements in Altwien. Wie wir entnervten Urenkel die zweihändigen Schwerter der alten Ritterzeit nicht mehr zu schwingen vermochten, so dürfte der Nachwuchs bald zu schwach werden, um den Queue bei der großen Kegelpartie zum Coup sec, zur Carambolage par Quadrupler einlegen zu können.

Das Billardspiel in Wien gleicht den Rothhäuten, den indianischen Wilden in Nordamerika, welche von den blanken Leuten oder Bleichgesichtern wie von deren Negern immer weiter nach der Wildniß verdrängt wurden. Hier vertreten die Dominosteine die Nigger und Weißen. Der glänzende Wigwam der Billardspieler liegt bereits außer den ehemaligen Ringmauern der innern Stadt. Es ist die großartige Billardhalle am Wienfluß. Gibt es doch obendrein im inneren Weichbild mehrere Kaffehhäuser, in denen sich auch nicht ein Billard befindet. Man möchte sie beinahe

entweihte Mokkatempel

nennen.

Einst waren die Billardspieler in Wien ein starkes, zahlreiches, mächtiges Geschlecht. Die Jugend hielt es damals für eine Schmach, falls irgend ein fünfzehnjähriger Wildfang mit dem Queue nicht umzugehen wußte.

Auch gab es eine förmliche Historie der edlen Billardkunst; sie beruhte freilich meist auf mündlichen Ueberlieferungen ergrauter Marqueure, auf sagenhaften Traditionen betagter Stammgäste. Wie der Koran seinen Profetencyklus aufzuweisen hat, so besaß jene Geschichte des Billardspieles ihre mehr oder minder berühmten Matadore. Balletmeister Horschelt zählte zu dieser Reihe Celebritäten des Queues.

In den Dreißigerjahren galt ein Stammgast des Renner'schen Kaffehhauses in der Plankengasse — im ersten Stockwerke — als König des Billardspieles. Marqueure aus der guten alten Zeit neigen noch jetzt achtungsvoll ihr graues Haupt, wenn der Name Baron Natorp im Gespräche genannt wird. In hundert Jahren, vielleicht noch früher wird dieser Freiherr der Gegenstand einer Mythe sein.

Ja, der Baron Natorp!

Der Freiherr, ein kleiner, untersetzter Mann, war aber auch als Billardspieler ein blaues Wunder, ein Sonntagskind, ein Stück Magnus. Er spielte vorzugsweise die große Partie mit fünf Bällen. Man hielt es für unmöglich, daß er einen Ball auslassen könne.

Dabei führte er einen immensen Queue, dessen Wucht fast jeder Marqueur schente, und doch spielte der alte Herr ganz gemüthlich zwei bis drei Stunden ohne Unterbrechung, oft mitten im Sommer bei einer Hitze von zwanzig bis breißig Graben. Wie groß die Sicherheit seines Spieles gewesen, mag die Thatsache erhärten, daß er einen ganzen Winter über, täglich von halb zwei Uhr Nachmittags bis Abends um sieben Uhr mit einem Gegner spielte, der sich gewöhnlich nicht einmal im Kaffehhause befand, auch nie einen Stoß machte.

Der Kampf ging folgendermaßen vor sich:

Der weiße Ball des Gegners wurde bei Beginn jeder Partie senkrecht über den Rothen an das Mantinelle an die Bande gestellt.

Nun begann Natorp mit seinem Weißen zu spielen, und war verpflichtet, die ganze Partie auf einen Stoß auszumachen, und dabei noch obendrein den letzten Ball zu doubliren. Jede Partie, wo er auch nur einen Ball ausließ, zählte zu Gunsten des Gegners, wurde gerade so betrachtet, als habe sie der Letztere mit seinem Queue gewonnen.

Dieses merkwürdige Schauspiel lockte hunderte von neugierigen Zuschauern nach dem Neuner'schen Kaffehhause. Die Partie wurde um einen Gulden Conventionsmünze gespielt; die Wette dauerte wie gesagt den ganzen Winter hindurch, und doch hatte Natorp, als der Schlußabend kam, nicht mehr als drei Gulden zu bezahlen. Er hatte also die unzähligen Partien fast bis zur Hälfte auf einen Stoß beendet, kurz er blieb nur mit drei Partien im Rückstande.

Baron Natorp ist todt.

Der letzte Wundermann auf dem Billard lebt nicht mehr.

Sein Queue ist zerbrochen.

Die Ritterschaft der fünf Kugeln droht auszusterben.

Unsere blasirte Jugend flieht die grüne Kegelbahn und vergnügt sich an dem knöchernen Geklapper der Dominosteine.

Das ginge noch an.

Das Dominospiel hat ja Kombinationen; es ist ein jeu d'esprit, ein geistreiches Spiel, falls es »mit Kaufen« gespielt wird. Das Kaufen mißfällt aber unserer jeunesse dorée, sie liebt den blinden Zufall, sie schwärmt nur für ein halbes Hazardspiel. Der Dominotisch könnte eben so gut in dem neuen Börsengebäude auf der Freiung stehen, oder wenigstens dort, wo die Kleinkalifornier von Wien die Geschäfte der Abendbörse abzuwickeln pflegen. Dem letztgenannten Menschenschlage gedenke ich ein eigenes Kapitel zu widmen.

Von den Dominosteinen zum Spieltisch ist nur ein Schritt, oder besser gesagt, meine Leser und ich, wir stehen bereits hart an der Tummelstätte der vier Kartenkönige und ihrer Bannerschaft. Die Kartenkönige sind in unsern Kaffehhäusern noch immer eine Wahrheit; sie haben sich tapferer gehalten als die Billardbälle, obgleich diese aus festem Elfenbein, sie aber aus steifem Papiere bestehen; sie werden auch wie die persischen zehntausend Unsterblichen nicht sobald eines klanglosen Todes verblassen.

An kartenspielendem Nachwuchs ist auch kein Mangel.

Der Kartengeist spukt in Wien in den jüngsten Köpfen. Die Spieltische scheinen übrigens aus dem himmlischen Reich der Mitte, aus China, herübergekommen zu sein. Man gewahrt keinen Fortschritt, es ist eine Art

Versteinerung in der Naturgeschichte des Kartenspieles
eingetreten. Man spielt noch immer dieselben Spiele, die
vor einem halben Jahrhundert in der Mode waren, und
man möchte fast rufen:

Kong-fu-tse est mort, vive Kong-fu-tse!

Preferance, Piquet, Tarok und Whist sind so ziem=
lich das Alpha und Omega unserer Kartenspieler in
Kaffehhäusern und Schenken geblieben.

Hie und da zeigt sich ein langweiliges Ecarté-Paar.

Ach Gott, das französische Ecartéspiel stimmt so
trübselig wie ein Reigen im Schlafrock, es ist eine ge=
spielte Quadrille française! Man könnte sich dabei zu
Tode ennuyiren. Möglich, daß zuweilen auch eine Bo=
stonpartie zu Stande kommt, aber der König des Karten=
spiels, das edle l'Hombre, zählt keine Ambassadeurs,
keine Gesandten oder Repräsentanten seines souveränen
Ranges. Und doch ist dies »königliche« Spiel — so lautet
sein Beiname — eine halbe Wissenschaft.

Die Spanier erfanden es, die Mauren wurden
Meister darin, König Franz I. brachte es aus der Ma=
drider Gefangenschaft nach Frankreich, und von diesem
Zeitpunkte an galt es als der schönste Zeitvertreib in halb
Europa. Die wunderbaren Kombinationen des l'Hombre=
spieles haben die Mathematiker sehr viel beschäftigt; so
wurde unter Andern von Klügel in Halle die Wahrschein=
lichkeitsrechnung auf dasselbe angewendet.

Wie trügerisch dieser Kalkul jedoch lautet, mag nach=
stehende wahre Geschichte beweisen. Ein junger Mann in
Wien verspielte eine Erbschaft von hunderttausend Gul=
den am l'Hombretische in den Salons reicher Leute. Der

Unglückliche mußte deshalb manchen Spott und Hohn
über sich ergehen lassen. Endlich kam ihm ein genialer
Gedanke. Er ließ sich, es war eben Winter, einen Rab-
mantel machen, dessen Futter als Dessin mehrere Vierecke
zu je neun Kartenblättern zeigte. Im l'Hombrespiele be-
kommt bekanntlich jeder Spieler blos neun Karten. Die
oben erwähnten Vierecke wiesen die Blätter, welche unser
Pechvogel an besonderen Unglückstagen in die Hände
erhalten.

Ging nun ein Freund oder Bekannter auf dem
Graben oder dem Kohlmarkt auf den verarmten Erben
los, fragend, wie er so viel Geld im l'Hombre verlieren
konnte, so schritt der verhöhnte junge Mann rasch zu der
Gegenfrage, ob sich der Spötter auf dies Spiel verstehe,
und im Bejahungsfalle wurde der Mantel emporgeschla-
gen, und eines der Vierecke nach dem andern vorgewiesen.

»Hättest Du mit diesen Karten »gefragt«?!«

»Allerdings!«

»Ich that es und mußte »schließen«. Würdest Du
mit diesem andern Blatte hier »grande Tournée« gerufen
haben?«

»Ganz sicher!«

»Ich wagte es und wurde geworfen. Hättest Du
dich mit diesen neuen neun Karten unverzagt auf ein
»sans prendre« eingelassen?«

»Mit der vollsten Siegeshoffnung?«

»Groß geirrt! Ich fiel in schmählicher Weise.«

Die Spottvögel verstummten. — —

Das Brettspiel, welches die Perser »tausend Sorgen« nennen, ward in Wien seit Jahren eifrig betrieben.

Einst galt Allgaier als Matador. Sein Gambit wird noch jetzt als gefährliche Spielweise bezeichnet. Später befand sich das Hauptquartier der Wiener Schachspieler gleichfalls im ersten Stockwerke des Reuner'schen Kaffeh-hauses.

Auch erschien kurze Zeit eine »Wiener Schachzeitung«.

Gegenwärtig hat der hiesige Schachklubb sein Lager in der Goldschmidgasse aufgeschlagen. Es fehlt zwar an einem Morphy oder Anderssen, auch ein Löwen-thal oder Harrwitz, ja selbst ein Grimm — er lebt gegenwärtig als türkischer Stabsoffizier in Aleppo — dürfte hier schwerlich zu finden sein; doch mangelt es nicht an tüchtigen Schachspielern, welche die Fahne der Kaiserstadt Wien auch auf diesem Kampfplatze mit hohen Ehren aufrecht zu erhalten wissen.

## 8. Der Kunstsalon.

Es gibt in Wien noch eine zweite herabgekommene Muse, der es eigentlich noch weit schlimmer ergeht, als ihrer Schwester Musik. Auch sie krankt, wie letztere, an einem überaus bedenklichen Leiden.

Es ist die Farbennoth.

Heinrich Heine schrieb bekanntlich unter dem Titel »Die Götter im Exil« eine Flugschrift, darinnen er das traurige Schicksal der ehemaligen heidnischen Götter schilderte, und von Jupiter, dem Chroniden, erzählte, wie derselbe als abgelebter Greis, um den Unterhalt für sein elendes Dasein zu erhalten, sich gegenwärtig genöthigt sehe, auf einer nordischen Insel, einem armen Savoyarden gleich, Kaninchenfelle zu verkaufen. Eine prachtvolle Existenz für den ehemaligen Geliebten der Danaë, der so freigebig mit einem goldenen Regen herumwarf!

Armer Don Juan des Alterthums!

Heine versprach dies Büchlein fortzusetzen, der Tod trat jedoch an sein Lager und entwand dem müden Dichter die geistvolle Feder. Es fällt dem Schreiber dieses Kapitels nicht bei, die unterbrochene Arbeit jenes berühmten Poeten aufnehmen zu wollen; doch kann er es nicht länger auf dem Herzen behalten, daß er kürzlich

4 *

selbst eine ehemalige griechische Göttin getroffen und ge=
sprochen habe, die zwar noch nicht in das Exil gewandert,
aber geistig so herabgekommen ist, daß sie nächstens ein
Bittgesuch einzureichen gedenkt, des Inhaltes, man
möchte sie doch um der Barmherzigkeit willen für immer
des Landes verweisen.

Es war die Muse der Malerei.

Ich wollte ihren Worten anfangs keinen rechten
Glauben schenken, denn jene ehemalige Bewohnerin des
Parnasses, die ich mir nach älteren Beschreibungen schlank
und sylphenartig dachte, hatte im Verlauf der Zeit beträcht=
lich an Embonpoint zugenommen. Die Muse aber meinte,
trübselig lächelnd, besagte Fettmasse rühre von dem Um=
stande her, daß sie kürzlich aus Verzweiflung Kindsfrau
oder Bonne bei dem lackirten Nachwuchse eines Genre=
malers geworden; geistig aber sei sie, wie gesagt, schmäh=
lich verwildert, auch leide sie in Folge eines lang ver=
nachlässigten Rheumatismus an Gicht an Händen und
Füßen. Ich frug sie natürlich, wo sie sich das letztere
Uebel zugezogen habe.

Die Antwort lautete:

»In den permanenten Kunstsalons.«

Nach diesen Worten entfernte sie sich mit hastigen
Schritten, indem sie mir scheidend ein kleines Manuskript
in die Hände drückte. Da es offenbar ihr Wunsch zu sein
scheint, dasselbe durch den Druck veröffentlicht zu sehen,
so entspreche ich auch in diesem Buche nachstehend diesem
Verlangen.

Das Manuskript begann wie folgt:

Geneigter Leser, begleite mich durch den Kunstsalon!

Muth, du hast nichts zu fürchten, denn es fällt mir armen Muse der Malerei ja nicht bei, dir anmit einen gedruckten Wegweiser durch irgend eine »Kunstausstellung« in die Hände spielen zu wollen!

Ich überlasse dies mühselige Handwerk wohlbe=stallten Journalisten, die als echte »penny-a-liners« (einen Pfennig für die Zeile) jeden Monat eine gewisse Menge Oelfarbe verschlucken und dafür als gewandte Taschenspieler so und so viele Ellen Feuilleton aus dem Munde ziehen müssen.

Was frommt es aber auch, den alten Jammer über den Verfall der Kunst aufs Neue anzustimmen; was nützt es zu wiederholen, Hungerleiden sei dermalen das einzige Historische bei der Historienmalerei?! Oder würde sich die Unzahl geschmackloser Genrebilder vermindern, wenn man sie mit den Golems der jüdischen Sage, mit diesen scheinlebenden Lehmfiguren, vergliche, die todt zu Boden stürzen, wenn man das Zauberwort »Wahrheit«, hier die Losung »Poesie« ausspricht?!

Ich glaube es nun und nimmer.

Mich treibt ein anderer Geist der Verneinung.

Es handelt sich um die Zulässigkeit der permanenten Kunstausstellungen, vom Standpunkte des Gedeihens und der Malerei selbst aus betrachtet. Man könnte leider dicke Bände darüber füllen, ohne die Ketzer im Glau=ben an das wahrhaft Schöne in der Kunst zu überzeugen, zu bekehren. Für die Maler der Gegenwart, namentlich in Wien, in der Stadt des Genusses, sind permanent offenstehende Kunstsalons freilich von unläugbarem hohen Werthe.

Man bringt so seine Bilder leichter an den Mann, und mehr will ja die Mehrzahl unserer Kunstjünger nicht, wie tausend traurige Beispiele lehren. Ein derlei Wiener Kunstsalon ist nichts weiter als eine glänzende Illustration des Spruches. Nur der Lebende hat Recht.

Doch auch die Todten wollen — leben!

Und sie sollen leben, das heißt, ihre Meisterwerke müssen fort und fort in das Fleisch und Blut der Nachwelt übergehen. Das ist der einzige Weg, der zu dem echten Kultus des Schönen führt. Permanente Kunstausstellungen sind aber auf diesem Pfade eher ein Hemmschuh als eine Lokomotive. Unser Nachwuchs wird durch diese gemalten Ammen so zu sagen „bei neuen Bildern" auferzogen.

Das ist vom Uebel!

Das junge Volk gewöhnt sich, frisches Kolorit, prächtige Farben als die Hauptsache anzusehen. Es ist daher auch schon bei der Versteigerung trefflicher älterer Gemälde vorgekommen, daß die wunderliche Aeußerung laut wurde, was solle man hier alte Bilder kaufen, da man sie doch im Kunstsalon „eben fertig geworden" anschaffen könne, als ob es sich auf dem Gebiete der Kunst, wie in einer berühmten Restauration um Gerichte vom heutigen Datum handle.

Vatel ist kein Raphael.

Es gibt aber noch einen zweiten, weit ärgeren Uebelstand.

Er trägt ein Gewand von Pfauenfedern.

Eitelkeit hat nämlich bei den Einkäufen im Kunstsalon verstohlen oder offen die Hand im Spiele. In zehn

Fällen wenigstens neun ein halb Mal! Der Zettel, der da besagt, Herr N. N. oder Dame M. M. habe dieses Bild um so viele Hunderte von Gulden in klingender Münze angekauft, dieser Zettel ist es, der wie die bezauberte Wünschelruthe oder wie ein magischer Dietrich selbst derlei Börsen und Kassen in Wien zu öffnen vermag, welche sonst unter dem doppelten Schloß und Riegel der Knauserei lagen und der Kunst höchstens ein Almosen, nie aber einen erklecklichen Ehrensold von ihrem Mammon zukommen ließen.

Man will sich auf die Medizäer spielen.

So meinte schon mancher Spottvogel.

Diese Zettel sind gleichsam Visitekarten, auf denen der Eigenthümer seinem Namen noch das stolze Prädikat „Mäcen" beifügt. Ein Bild, das in einem Kunstsalon farbenprächtig in die Augen fällt, und zu hohem Preise angeschlagen worden, findet daher am leichtesten seinen Käufer. Auf diese Weise aber schwindet die Vorliebe für die ewigen Denkmale im Gebiete der Malerei, und die neuesten Gemäldegallerien verhalten sich zu früheren derartigen Kunstsammlungen wie die Romane des fruchtbaren Franzosen Dumas Vater zu den gesammelten Werken eines Schiller oder Goethe.

Die Lebendigen leben, die Todten sterben nochmals.

Mit den Letzteren stirbt aber auch das Ewige der Kunst. Die Muse geht einzig nach Brot, und dann gilt fortan jener berühmte Spruch:

Göttlich nennt ihr die Kunst? Sie ist's, so meinte ein Weiser,
Aber das war sie schon lang, eh' sie der Welt noch gedient!

Willst du nur Früchte von ihr, die kann auch die Sterbliche zeugen,
Wer um die Göttin je freit, suche in ihr nicht das Weib!

Ein weiterer Vorwurf trifft so manchen Kunstsalon überhaupt, ohne daß hier die Permanenz desselben von sonderlicher Bedeutung wäre. Bei vielen Kunstausstellungen führt nämlich sogenannter Patriotismus das große Wort. Man begünstigt das Inland auf Kosten des Auslandes.

Die Kunst ist aber Kosmopolit.

Was frägt sie um den Heimatsschein!

Die Vorliebe für so manchen vaterländischen Pinsel im doppelten Sinne dieses Wortes ist hie und da bereits zur Epidemie geworden, und droht allmälig allen feinen Geschmack und echten Kunstsinn in der letzten kümmerlichen Blüthe dahinzuraffen. Das ist giftiger Thau für die zarte Pflanze in den Gefilden der bildenden Künste. Ein echter Kenner achtet zwar jede Landsmannschaft, aber sie ist für ihn nie maßgebend auf dem Parnasse.

Selbst dem Laien kommen da oft ironische Gedanken.

Noch schlimmer denkt man hierüber im Auslande.

»Man merkt die Absicht, und man wird verstimmt.«

Diese Verstimmung bleibt nicht ohne böse Folgen.

Fremdländische Künstler, die wirklich etwas Gediegenes zu leisten vermögen, zögern mit weiteren Sendungen. Es ist hohe Zeit einzulenken, denn wenn man wirklich einen Koran der Kunst schreibt, nach welchem jedes heimische »cacatum non est pictum« ausgestellt oder wohl gar für eine vaterländische Kunstsammlung angekauft werden soll: dann wird man so manchen hie-

stgen Kunstverein in der Fremde bald als „Versorgungs=
haus für verkrüppelte gemalte Landeskinder" kennzeich=
nen, oder als „erste Krippe oder Crèche anzuhoffender
vaterländischer Raphaele" hänseln und belächeln!

Hier endete das Manuskript.

So lautete das Klagelied einer herabgekommenen
Muse.

---

# 9. Oberon und die Wiener Zofe.

~~~~~~

Der obige zweite Titel ist eigentlich ein Verstoß gegen die heimische Sittengeschichte. Wien, das nie an den seligen Abelung glaubte, kennt keine vornehmen Zofen, es weiß einzig von schalkhaften Stubenmädchen.

Die Wiener Stubenmädchen sind aber auch eine ganz eigenthümliche Species des großen Genus, Mägde benamset. Ein Stubenmädchen, am Donaugestade aufgewachsen, ist keine Pariser Grisette, obwohl immer heiter wie die Lachtaube Rigolette; sie ist kein vorlautes Berliner Kammerkätzchen, kein albernnaives Ringelhäubchen von München, keine hagere, wortkarge Waiting-Maid aus der Riesenstadt an der Themse. Ein unbekannter mächtiger Chemiker, der seine Wissenschaft auch nach psychologischem Gebiete übertragen, scheint alle guten und bösen Eigenschaften der weiblichen dienstbaren Geister in Deutschland, Frankreich, England und Italien zusammengebraut zu haben; die Retorte zersprang durch Zufall, als er eben durch Wien reiste, und das erste Stubenmädchen der alten Kaiserstadt erblickte das freundliche Licht der Sonne.

Möglich auch, daß ein geistreicher Lustspieldichter — so lautet wenigstens eine anderweitige Angabe —

die Wiener Stubenmädchen erfunden hat, dann aber war es wahrscheinlich weiland Kotzebue, welcher diese »Magdwerbung« veranlaßte, denn schlagfertiger Witz, rosige Laune, boshafte Spottsucht sind unserer heimischen Race Zofen angeboren.

Ein Wiener Stubenmädchen besitzt ferner sehr schöne, fast tugendhafte Eigenschaften. Seine Treue gegen den Dienstgeber ist lauteres Gold, wenigstens so lange, bis sie nicht mit dem doppelten Gewicht an Dukaten aufge= wogen wird. Auch hegt ein heimisches Kammerkätzchen große Anhänglichkeit an seine Herrschaft; sie ist gewöhn= lich die Vertraute, ja die Duenna ihrer Gebieterin; wenn man nämlich das Wort Duenna im italienischen Sinne nimmt, und darunter eine verschlagene Begleiterin, einen weiblichen Cicisbeo, eine scheinbare Garde des Dames versteht, welche jedoch die Rolle des angeblichen Vor= mundes alsogleich aufgibt, sobald die Mündel nichts mehr zu befürchten hat von listigen Spähern und Kund= schaftern.

Das Metier, welches ein Wiener Stubenmädchen am liebsten betreibt, ist das Handwerk oder das Amt eines Postillon d'amour; nie hat es auch einen Brief= träger oder Botenjungen gegeben, welcher verläßlicher oder geschickter gewesen wäre, ein Schreiben der Zärtlich= keit an die richtige Adresse gelangen zu machen.

Man denkt dabei an morgenländische Brieftauben.

Ein gedientes Wiener Stubenmädchen ist eigentlich eine Art Bosco; die findige Dirne weiß ein Billetdoux in die rechte Hand zu schmuggeln, und läge auch gleich=

zeitig ein ganzes Reiterregiment von schwarzen oder weißen Othellos auf der Lauer.

Es geschieht aus esprit de corps.

Der Point d'honneur aller heimischen Zofen würde
verletzt, falls das geschriebene Stelldichein durch die
Schuld des weiblichen Liebesboten nicht zu Stande kommen sollte. Ein Rendezvous ist für ein Wiener Stubenmädchen ein Ukas, ja ein Ferman, der in Vollzug gesetzt werden muß, und wäre selbst eine rothe Seidenschnur das
Ende vom Liede.

Unsere dienende Landsmännin gilt nebstbei als ein
Muster von Geduld; sie erträgt so manche Launen ihrer
Gebieterin mit einer Langmuth, als sei sie eine Verkör-
perung, eine Inkarnation des bekannten zähen Patience-
spieles. Eine Demüthigung vergibt sie jedoch niemals,
und das ist der Mangel an Vertrauen von Seite ihrer
Herrin. Ein Geheimniß, das man vor ihr verbirgt, namentlich wenn es sich um Angelegenheiten des Herzens
handelt, kann sie zur rasenden Medea machen.

Hier ist kein Verzeihen denkbar!

Es bleibt zudem ein thörichtes Unternehmen, ihr
verliebte Dinge verschweigen zu wollen. Der Scharfsinn,
die Spürnase dieser Race mahnt an jenen unübertreffli-
chen Wachtelhund, der selbst die Rebhühner auf einer
Speisekarte zu stehen pflegte; ja es soll sogar einmal ein
Wiener Stubenmädchen gegeben haben, welches schon
drei Tage früher, kurz zum Beispiel bereits am Donnerstag wußte, in welchen jungen Mann sich ihre erlauchte
Dame auf der Promenade am Sonntag verlieben werde.

Das Wiener Stubenmädchen ist zudem mitunter

selbst sehr verliebter Natur, ein halber Don Juan im
Unterrocke, ein angehender Graf Lauzun mit Schürze
und Handtasche. Am verlockendsten gibt sich die soge=
nannte schwärmerische Race Stubenmädchen. Ein Liebes=
lied, ein Gedicht voll Innigkeit ist so viel wie ein Frei=
paß nach ihrem Herzen. Ein derlei sentimentales Kam=
merkätzchen besucht am Sonntag auch nie ein Vorstadt=
theater; sie schwärmt für das Tragische, als haut-goût
gilt ihr ein Trauerspiel.

»Louise, du siehst blaß!«

Das ist eine echte Antichambre=Parole!

Es gibt in den Augen dieser Art Schwärmerinnen
nichts Schöneres, als wenn man den »Geist unglücklicher
Liebe« aus den Gräbern der Vergangenheit heraufbe=
schwören sieht. Die letzte Gallerie im Burgtheater ist da=
her an so manchem Feiertag Abends nichts weiter als die
»Seufzerallee« der liebessiechen Wiener Stubenmädchen.

Leider endet die Romantik meist in jungen Jahren.

Der Poet bleibt arm wie eine Kirchenmaus, und
von »brennender Liebe« kann man nicht leben. Schmucke,
gerngesehene Offiziere werden nach fernen Garnisonsplä=
tzen versetzt; der lustige Bruder Student, welcher dem
hübschen Kammerkätzchen einst den Hof machte, wurde
Philister, hat sich des schnöden Mammons willen mit
einem häßlichen Geschöpfe verheiratet.

Eine bedenkliche Situation!

Nun muß die Reserve vorrücken.

Es sind zwar keine gedienten, aber dennoch die=
nende Leute, und bestehen dieselben meist aus herrschaft=
lichen Lakeien oder Büchsenspannern. Der neue derbe

Liebhaber hat ein hübsches Stück Geld erspart, die Zofe
mußte ihre geheimen Botengänge gleichfalls gegen klingende Münze zu verwerthen.

Man schreitet zur Hochzeit.

Der Freier wird meist Fragner, in Wien schlichtweg
„Greisler“ genannt; seine Ehehälfte wirthschaftet gewöhnlich als Gemüsehändlerin, denn hiebei kann sie noch
ein altes Lieblingsgewerbe ausüben, kurz den Postillon
d'Amour der dienenden Klasse abgeben. Leider schlagen
derlei Ehen selten sehr rosig an. Kindersegen, Krankhei-
ten, sonstige Unfälle führen rasche Verarmung herbei.
Der Mann beginnt seinen Unmuth in „Feuerwasser“ zu
ertränken; Kummer bleicht die Rosen auf den Wangen der
ehemaligen Zofe, und das einst so reizende Kind wird zur
früh ergrauenden Matrone.

„Arm sein ist nichts, doch Herr, verarmen?!“
So frug einst Karl Beck.

Der Mann hatte Recht.

Doch weiter in unserer Schilderung!

Neugierde ist, wie oben erwähnt, ein Hauptfehler
der Wiener Stubenmädchen; als ihre Erbsünde kann
man jedoch die Putzsucht bezeichnen. Hierüber weiter unten ein Mehres! — Eine Eigenthümlichkeit dieser Race
bestand einst in ihrer Benennung, sie führten in Altwien
weniger einen Taufnamen, als so zu sagen einen Fami-
liennamen. Der Unterschied in ihrer Nomenklatur hing
einzig von dem Adel, Rang und Reichthum ihrer Brot-
geber ab.

Diente das Stubenmädchen bei hohen Herrschaf-
ten, so hieß sie gewöhnlich Anna oder Nina, in der Ari-

ftokratie financière wurde sie Netti oder Nanette genannt, im Bürgerstand rief man sie mit Nanerl und Nani. Der 26. Juli war zu jener Zeit der Namenstag aller Wiener Stubenmädchen. Der Pyrotechniker Stuwer brannte blos ihrethalben am Annatag sein schönstes Feuerwerk ab, ja Viele behaupteten, die Komödie »Anna, Nina, Netti, Nani, Nanerl und Nanette«, die einst im Leopold= städter Theater alljährlich am Annenfeste, also an dem mehrerwähnten 26. Juli, gegeben wurde, sei blos zu Ehren der Wiener Kammerkätzchen gedichtet worden. Ich selbst schrieb einmal einem artigen Bürgerskinde von Wien, das später bei der unverhofften Verarmung seiner Eltern unter die herrschaftlichen Zofen ging, nachstehende Strophe in das Stammbuch:

Gar süße Sachen hat der Manboletti,
Doch ist als süßer noch dein Kuß bekannt,
O wunderholde Anna, Nina, Netti,
Auch Nani, Nanerl und Nanette genannt!

Dies charakteristische Merkmal — nomen et omen — hat sich in der Neuzeit verloren. Unsere Stubenmäd= chen führen jetzt weit vornehmere Namen, wie: Siege= linde, Aurora, Zelia, Christane und Engelbertha. Dies mag vielleicht mit Ursache sein, daß der echte, originelle Typus des heimischen Zofenthumes allmälig zu erlöschen droht.

Zum Schluß noch eine sagenhafte Geschichte!

Es handelt sich um das Entstehen des Schildes des Modeatelier »zur schönen Wienerin« am Stefansplatze, am Ende der Kärnthnerstraße. Dies Atelier steht jetzt unter einer andern Firma, ist auch vor ein paar Jahren nach einem andern Stadttheil verlegt worden.

Doch man höre!

Das romantische Gedicht „Oberon, König der Elfen" zerfällt eigentlich in zwei Abtheilungen. Den ersten Theil hat bekanntlich Wieland geschrieben. Oberon und Titania versöhnen sich zum Schlusse, Dank der Treue, welche Ritter Hüon und die Khalifentochter Rezia bewiesen. Das ist eine Thatsache oder Sage, welche wohl keiner deutschen Leserin fremd geblieben sein dürfte.

Leider erneuerte sich der häusliche Zwist im Reiche der Elfen, und zwar erst in neuerer Zeit, wie dies von dem weiland Blaustrumpf Agnes Franz in einem späteren Buche bündig nachgewiesen worden. Dies Buch oder die zweite Abtheilung des obengenannten Gedichtes hat, wenn ich nicht irre, den Titel „der Shawl" erhalten.

Letzter Grund der neuen Zwietracht war eine Lieblingssklavin der Elfenkönigin, welche nebstbei Zofendienste im Boudoir ihrer zauberhaften Gebieterin verrichtete. Dies Kammerkätzchen verleitete seine Herrin Titania zu so kostspieligem Putze, daß Oberon beinahe Gefahr lief, bankerott zu werden. Der zürnende Elfenkönig verwandelte die Zofe zur Strafe in eine angorische Ziege, aus deren Vließ bekanntlich die ostindischen Shawls gefertigt werden. Oberon fügte nach Agnes Franz noch den Fluch bei, die Verzauberung sollte erst dann enden, wenn sich jemals ein Weib fände, dem Putze also abhold, daß es selbst einen echten Shawl als Hochzeitsgeschenk auszuschlagen vermöchte.

Diese Angaben sind großen Theiles irrig.

Ich ward besser verständigt.

Die Lieblingszofe der Elfenkönigin war keine Sklavin, sondern ein freigebornes Wiener Stadtkind, Namens Netti Schnabel. Ihr Vergehen wurde jedoch von Agnes Franz richtig geschildert. Die Putzsucht, welche Netti dem Herzen Titaniens einzuimpfen wußte, brachte das Elfenreich auch wirklich hart an be n Rand des Verderbens.

Das Strafgericht erfolgte.

Es war jedoch von keiner Ziege aus Kaschemir die Rede, nein, Oberon verwandelte die Zofe einfach in eine Wachspuppe, und verbannte sie nach dem großen Schaufenster im Modeatelier „zur schönen Wienerin", das in neuester Zeit nach einem andern Stadttheil verlegt wurde.

Dort sitzt nun Netti Schnabel seit hundert Jahren, dort bleibt sie so lange als Wachsfigur im Exil, bis sich einst ein Wiener Stubenmädchen findet, welches denselben Taufnamen führt, und so wenig von Putzsucht weiß, daß es in Abwesenheit seiner Herrin kein Gelüste spürt, die neue Robe, den Shawl oder den Hut seiner erlauchten Dame vor dem Spiegel — — zu probiren.

Ist eine solche Wiener Zofe denkbar?

Auch droht das Geschlecht der Wiener Annen auszusterben.

Arme Netti Schnabel!

––––––––––

# 10. Kleinkalifornien in Wien.

Nach der Ansicht der Geographen liegt Kalifornien in der neuen Welt, und zwar an der Westküste von Nordamerika. Man spricht von einem Flächenraum von mehr an viertausend Quadratmeilen. Diese Angabe ist nicht ganz richtig. Ein Theil des kalifornischen Ländergebietes erstreckt sich nämlich bis nach Europa herüber, und liegt im Kaiserstaate Oesterreich, in der innern Stadt Wien, in der sogenannten Renngasse, von wo es nächstens nach der Freiung verlegt werden soll.

Dies Stück Kalifornien heißt hierlandes:

## Die Börse.

Ein Gau desselben befindet sich im sogenannten Auwinkel.

Man verdient auch hier im Jahre ein Heidengeld an Gold und Silber. Die Mühsal des Erwerbens ist bei uns jedoch weit geringer. Die Börse ist ja für gewisse Kundschaften nichts weiter als die Vaterstadt des »geschäftigen Müßigganges«. Es versteht sich wohl von selbst, noch einmal sei es gesagt, daß ich hier nicht von den wirklichen Banquiers und Kaufleuten spreche.

Der Handel ist der Blutumlauf eines Volkes, und der jeweilige Kurs vertritt die Stelle des Pulsschlages, nach welchem staatsökonomische Aerzte die Gesundheit einer Nation zu schätzen pflegen. Meine Wenigkeit hegt daher auch die tiefste Hochachtung vor dem werkthätigen Kaufherrn. Der Waglingsmuth der alten normännischen Seekönige, der Geist eines Raleigh oder Ralegh ist neu-erstanden in dem kühnen Handelsmann, der als Tumm-ler der Wellen den Norden mit dem Süden verbindet, und dem Westen die Grüße des fernern Morgenlandes bietet.

Was man unter den Kleinkaliforniern von Wien versteht, das ist jene Race

»Börseschwindler«,

die nie ihr Brot im Schweiße des Angesichtes verdien-ten, die von dem Lottospiele des Kurses leben, und kurz gesagt dieselbe Rolle spielen, welche den nordamerikanischen Indianern in der Nähe von San Francisco zugefallen.

Wer in dem wirklichen Kalifornien einer Bande solcher Rothhäute in die Hände fällt, geht nämlich einem liebenswürbigen Schicksale entgegen. Er wird entweder bei gelindem Feuer geröstet oder bei lebendigem Leibe langsam geschunden. Beides ist auch bei uns der Fall. Das gelinde Feuer vertritt die Folterangst bei dem Fal-len der Papiere; auch wird es wohl wenige Bewohner der Freiung oder der hohen Brücke geben, welche sich nicht häufig des Anblickes eines Menschenkindes erfreu-ten, das aus der Renngasse geschunden nach Hause kehrte.

»Das ist so Herrenrecht zu Arras!«

5 *

Das Ende eines Glückspilzes der Börse ist mir einem Worte echt amerikanisch. Anders aber verhält es sich, wie gesagt, mit dem Erwerbe. An der Westküste von Nordamerika mühen sich die Schatzgräber und Goldwäscher Tag und Nacht, führen in der einen Hand den Spaten und in der Andern das Schwert, roboten bei sengender Hitze und bei grimmiger Kälte, und müssen den goldenen Mammon gar oft mit ihrem Herzblut bezahlen.

Anders der Kleinkalifornier von Wien!

Hier bei uns hat man weit leichteres Spiel. Die Schatzgräberei in der Renngasse kostet nie das Leben, sie kostet im schlimmsten Falle höchstens die Ehre, und in diesem letzteren Falle sollen viele Börseschwindler sehr wenig zu verlieren haben. Sie sind lebendige Seitenstücke zu dem armen Peter Schlemihl; es heißt, daß sie ihren schönen moralischen Schlagschatten schon lange verkauft haben.

Der Wiener Kalifornier führt zudem ein höchst freudenreiches Leben. Die Sonne steht hoch am Himmel, ehe der homo californiensis, boa L. draco constrictor sich aufmacht sein Opfer zu verschlingen.

Sein Ansehen ist sehr stattlich.

Sein Fell ist Stoff von Gunkel, die Bedeckung seiner Krallen lieferte einst Jaquemar, jetzt bezieht er sie bei Herrn Tostmann auf dem Graben. Der Religion nach gehört er zu beiden Testamenten; viele schwören auch auf den Koran. Sein Lieblingsfutter sind Austern und Trüffeln; was die Getränke anbelangt, pflegt er dem Champagner den Vorzug zu geben.

Wie alle Amphibien nimmt er sein Mahl am lieb-

ſten in der Nähe eines Fluſſes ein, und die Tageslofung
eines gewiſſen Gaſthofes in der Jägerzeile gibt daher den
Thermometer der Börfe ab; ja man kann an dem Diner
oder Souper ſo manchen Glückspilzes leicht entnehmen,
ob er heute in Kleinkalifornien geſchunden hat oder ſelbſt
geſchunden wurde. Letzteres iſt freilich faſt immer das
Ende von dieſem garſtigen Liede.

Die Beſchäftigung des Kaliforniers iſt ſehr einfach.

Er kauft oder verkauft ſcheinbar Papiere.

Es genügt, wenn er während der Börſeſtunden zwei-
oder dreimal den Mund aufſperrt. Dies einfache Manö-
ver reicht hin, um dieſem »geſchäftigen Müßiggänger«
eine Jahresrente zu verſchaffen, von der zwanzig fleißige
Familien ſammt ihren zahlreichen Angehörigen beſcheiden
zu leben vermöchten.·

Es gleicht alſo den Lilien auf dem Felde, die nicht
ſpinnen, noch nähen, und doch den König Salomon weit
überſtrahlten an Pracht und Herrlichkeit. Ein thätiger
Mann würde ſich eines ſolchen Lebenswandels ſchämen;
der Kleinkalifornier ſieht jedoch »in ſeines Nichts durch-
bohrendem Gefühle« unwillig auf die fleißigen Leute
herab, die da gezwungen ſind, ihr Brod mit Hammer
oder Feder zu ſchmieden oder zu ſchreiben.

Uebrigens iſt der Kalifornier meiſt ein Kunſtfreund.

Er pflegt jedoch ſeine Achtung vor Poeſie oder Mu-
ſik nie dem Dichter oder Tonſetzer ſelbſt zu zollen; er
wendet ſich an ihre Ambaſſadricen und legt ſeine Huldi-
gung den ausübenden Künſtlerinnen zu Füßen. Am rei-
zendſten bedünken ihn Tänzerinnen, beſonders wenn ſie
nicht blos den Tanz, ſondern auch das Koſtüm der grie-

chischen Daphne nachahmen. Da man aber in dem Reiche
Terpsychorens gewöhnlich sehr kostspielig lebt, da ferner
die Gilde der Scharlachdamen bei Hoftheatern fast über=
all landesverwiesen wurde, so schreitet er aus dem Weich=
bild der innern Stadt, und begnügt sich „den im Irrgar=
ten der Liebe herumtaumelnden Kavalier" in der Nähe
einer Vorstadtbühne zu spielen.

Abends zieht er dann wie ein Triumphator nach
dem Zuschauerraum vor den weltbedeutenden Brettern.
Zu seinem Glücke begleiten ihn fast immer ein paar
Freunde, sorglich bedacht, den Kalifornier bei dem Auf=
treten seiner Huldin rasch auf den Sperrsitz niederzudrü=
cken, denn sonst würde er emporspringen, sich vornehm
lächelnd vor dem Publikum verbeugen, und laut jubeln:

„Sehen Sie, dies Kostüm habe etwas ich besorgt,
dieses Armband ist etwas von mir, dieser Shawl kostet
etwas mein Geld!"

Ja, das thäte der Kalifornier.

Ah, quel plaisir d'être affrêteur!

Später kommen freilich gewöhnlich die Tage, von
denen man auch an der Börse zu sagen pflegt, sie gefal=
len uns nicht mehr. Was liegt daran? Man ist doch ein=
mal in Aranjuez gewesen! Man hat doch einmal den
Kavalier gespielt! Man hat doch etwas einmal eine
liaison dangereuse gehabt! Regen nach Sonnenschein.
Und gibt es kein Mittel, diesem heillosen geschäftigen
Müßiggange endlich Grenzen zu setzen?

Zwei Umstände verhindern es.

Erstlich liegt unsere Börse nicht in Konstantinopel.

Sultan Mahmud II. ließ zweitens die Janitscha=

ren bereits im Juli 1826 niedermetzeln. Sonst wäre es
herrlich zu sehen, wenn eines schönen Vormittags zwei
Ortas oder Bataillons Janitscharen nach der Freiung,
über die hohe Brücke anrückten; so wäre es allerdings
lieblich zu hören und zu vernehmen, wenn der komman=
birende Bimbaschi oder Bataillonschef vortreten und
sagen würde:

„Habt Acht!

Senkt Mahommed's heilige Fahne vor jedem recht=
schaffenen, thätigen Kaufherrn! Die Kleinkalifornier aber,
die nicht arbeiten, noch steuern, diese Drohnen des mensch=
lichen Geschlechtes, die nichts lieben als Müßiggang und
Befruchtung, diese treibt mit Ruthen und Geißeln, ja
mit flachen Säbelhieben nach unseren Oda oder Kaser=
nen! Sie seien verurtheilt, Zeit ihres Lebens als Gemeine
zu dienen. Sendet sie nach Bosnien, Montenegro oder
Syrien; Kanonenfutter, sie füllen bei dem Barte des Pro=
feten den Graben so gut wie bessere Leute!"

Schade, daß Wien nicht in der Türkei liegt!

Dumas Sohn weiß freilich noch einen anderweiti=
gen Ausweg. Er meint in seinem Stücke „La question
d'argent", sobald ein Mann zwanzig Jahre alt sei,
habe ihn der Staat fragen zu lassen:

„Mein Herr, was thun Sie zum allgemeinen
Besten?"

„Nichts, mein Herr!"

„Ach, wollen Sie also arbeiten?"

„Nein, mein Herr!"

„Gut, Sie haben also Vermögen?"

„Nein, ich spiele blos an der Börse."

„Wohlan, mein Herr, es steht Ihnen frei, nicht zu arbeiten, aber dann müssen Sie jährlich einen Ersatzmann stellen und bezahlen, der für Sie arbeitet, und wir werden Ihnen dagegen einen Faulheitsschein, eine Trägheitskarte einhändigen, mit der Sie überall frei herumgehen können, Sohn aus Kleinkalifornien!"

# 11. Die Urenkel des Hanns Sachs.

Die Historiker sind noch uneins, wer der erste Wiener Schusterjunge gewesen, und wann er gelebt habe. Die Genealogie dieser seltsamen Race reicht jedenfalls weit in die Geschichte der guten Stadt Vindobona hinein. Nach einer Mythe, deren Glaubwürdigkeit ich jedoch nicht verbürgen kann, hätten die heidnischen Götter, als sie nach Norden flohen, am Wienfluß das unauslöschliche homerische Gelächter verloren. Dort sei es durch Jahrhunderte in einer Ufervertiefung verborgen gelegen. Eines Tages aber habe es ein Lehrling von der ehrsamen Zunft des Meisters Hanns Sachs zufällig aufgefunden, in seine Tasche gesteckt, und so sei der erste humoristische Schusterjunge entstanden.

So dunkel die Urgeschichte dieser Spaßvögel auch ist, so wurden ihre Sitten und Gebräuche doch bald durch Touristen beschrieben, und durch die Druckerschwärze in die Bücher der Länder- und Völkerkunde eingetragen. Einer ihrer besten Historiographen lebt noch gegenwärtig in Wien.

Es ist der alte Castelli.

Dieser humoristische Altwiener hat den Wiener Schusterbuben in der Vorrede zu seiner Anekdotensamm-

lung, »Bären« betitelt, ein stolzes Denkmal gesetzt; ja
seine Aeußerung, ein Wiener Schusterjunge besitze mehr
Witz und Laune als zwanzig norddeutsche Bonmotisten,
führte sogar zu einer journalistischen Fehde, die sich frei=
lich ins Abgeschmackte verlief.

Wie dem sei, der Wiener Schusterlehrling in der
guten alten Zeit war ein ganz eigenthümlicher hochkomi=
scher Kauz. Unverwüstlich muntere Laune galt als das
charakteristische Merkmal seiner ganzen Sippschaft. Die
schmale Kost, welche ihm die Frau Meisterin vorsetzte, das
Geschrei der kleinen schuhmacherischen Rangen, die er als
männliches Kindsmädchen auf dem Arme tragen mußte,
nicht einmal die Schläge mit dem Knieriemen von der
Hand des gestrengen Herrn Meisters konnten seinen Hang
zur Heiterkeit, zur Spottsucht dämpfen, und selbst wenn er
vor körperlichem Schmerz schluchzte, klang es wie ein
schelmisches Gelächter, denn der Junge dachte, einmal
werde sein Chef doch müde werden, und es sei daher an
der Zeit, schon jetzt auf einen neuen losen Streich zu
sinnen. Das lag im Blute.

Spottsucht ist unheilbar.

Zahllos sind die Bonmots, welche man den Schu=
sterjungen zuschreibt. Eine alte Base von mir war einst
Ohrenzeuge, wie ein Schusterbube, als er in der Josef=
städter Kaiserstraße mit seinem Meister an einem Trieb=
zug Rinder vorüberschritt, die schöne Arie »Einst zog ich
an meiner Brüder Seite« aus Mehul's herrlicher Oper
»Josef und seine Brüder« anstimmte.

Der Meister ärgerte sich natürlich weiblich.

Castelli erzählt ferner von einem andern losen

Exemplar dieser echten Pechknappen, wie es sich, als der
Pudel eines Herrn auf der Seilerstätte ein Kaninchen
todtgebiffen, zur Zeugenschaft vor Gericht anbot, bei=
bend, das Kaninchen habe dem Hunde zuerst die Zähne
gewiesen.

Ein Kernwitz war endlich der Aufschrei eines Schu=
sterjungen, welcher in einem Speisekorb das Mittagsbrod
seines Meisters aus der Vorstadt in das Stadtgewölbe
trug, sämmtliche Teller aber, in Trümmer klirrend, auf
dem Burgplatz fallen ließ, und dann trocken meinte: »Nun,
mein Herr wird große Augen machen, wenn er hört, daß
er heute bei Hof speist!«

Der Schusterbub von einst besaß ferner einen eigen=
thümlichen Instinkt, den Fremden aus hundert Wiener
Stadtkindern auf den ersten Blick herauszufinden. Er
trieb damit ein besonderes Metier, denn einen Ausländer
tüchtig hänseln, war und blieb nun einmal sein Leib=
vergnügen.

Man kennt hundert bezügliche Schnurren.

So führte einmal, um ein Beispiel zu geben, ein
solcher kleiner »Knieriem« einen Fremden, welcher die
Menagerie des kühnen Van Aken besuchen wollte, und
um den nächsten Weg frug, nach Währing hinaus, und
hieß ihn dort in eine Kneipe gehen, wo »Heuriger« aus=
geschenkt wurde, und zwar mit den treffenden Worten
»hier seien Affen in Hülle und Fülle zu schauen.«

Affe ist der Wiener Ausdruck für Rausch.

Wein letzter Fechsung heißt Heuriger.

Doch auch Einheimische pressen gehörte zu den
apparten Leidenschaften eines echten Schusterbuben, und

es wird zweifelsohne, ja ganz gewiß nur wenige Altwie=
ner geben, die sich nicht einmal von einem durchtriebenen
Wiener Pechknirps durch die Geschichte von dem Geier
täuschen ließen, der angeblich oben am Stefansthurme
eine Taube rupfe.

Schadenfroh war der Schusterjunge eigentlich selten.

Es war ihm nur um einen kleinen Schabernak zu
thun. Auch galt und gilt seine Ehrlichkeit als sprichwört=
lich. Ich weiß als gedienter Wiener Flaneur nur einen
Fall vom Gegentheil zu erzählen. Die Schwester des
Autors dieses Buches bog nämlich an einem düstern
Tage um die Ecke der Grünangergasse nach der großen
Schulenstraße hinab, und hielt ihr Parapluie einiger Re=
gentropfen willen hoch in der vorgestreckten Hand. Plötz=
lich kam ein Schusterbube hinter ihr dahergebraust, riß
ihr den Regenschirm aus der Hand, und stürmte blitz=
schnell weiter. Ehe die erschrockene Frau um Hilfe zu
rufen vermochte, war der kleine Bösewicht bereits in der
Riemerstraße verschwunden, und Regenschirm und Lei=
stenknirps sah man niemals wieder.

Das war eine Ausnahme von der Regel!

Der Schusterlehrling, der so zu sagen mehr auf der
Straße als an dem Dreifuß lebte, sah viel, wußte aber,
wenn es nöthig war, ein Schloß vor den Mund zu hän=
gen. Er hörte viel, aber schweigen lautete seine Losung.
Er war in ernsten Dingen kein Plappermaul, kein
Ohrenbläser.

Kein Pechknirps mochte den Fouquier=Thinville
spielen.

Er liebte es aber auch nicht den Hehler abzugeben.

Der Schusterlehrling träumte überhaupt von keinem Umgang, von keiner Kamerabschaft, außer mit seinen Zunftgenossen. Der Rest der Bevölkerung blieb ihm ein »warmangezogenes« Räthsel; er sah die übrigen Menschen theilnahmslos wie Sprößlinge einer andern Race an sich vorübergleiten, von Gott nur geschaffen, daß ein Leistenbursche mit ihnen losen Scherz treibe.

Die schönen Gewande der Weiber, die enganliegende schmucke Tracht der Männer vermochte sein Auge kaum zu fesseln. Der Pechknirps lebte der Ansicht, er sei in Hembärmeln auf die Welt gekommen; deshalb hielt er auch die prächtig gekleideten Kinder der feinen Welt für unglückliche Weichlinge.

Er war ein freiwilliger Paria.

Auch hat er wahrscheinlich nur einen Stammverwandten.

Es ist der Zeitungsjunge in Neuyork.

Ja, der News-boy dürfte sein Vetter sein!

Der Wurstlprater und das Kasperltheater waren seine Lieblingstummelplätze am Sonntag, an hohen Festtagen. Marinelli galt gleichfalls als sein Abgott. Nie hatte der Hanswurst einen wärmeren Verehrer, nie zählten die Juchheiritter im sogenannten Olympe des Theaters ausdauerndere Troßjungen. Lange bevor die Lampen im Orchester angezündet wurden, klimmten die Schusterjungen nach der letzten Gallerie empor.

Das Theater im Theater begann.

Gelächter erscholl, seltsame Spitznamen klangen an das Ohr der Umstehenden, unverständlich für jeden, welcher im Jargon der untern Wiener Volksschichten nicht

bewandert war, und deshalb solche Ausdrücke als furcht=
bares Rothwälsch betrachtete. Dabei nahmen die Schu=
sterjungen, um besser nach der Bühne zu sehen, Stellun=
gen an, welche dem Gesetze der Schwere zu spotten schie=
nen, und den bekannten Klischnigg gewiß zuerst auf
den Gedanken brachten, die Kunst des Gliederverrenkens
zu erfinden.

Späße und Ränke währten fort.

Kaum aber daß der erste Bogenstrich im Orchester
erklang, lang bevor der Vorhang aufflog, herrschte jedoch
eine Stille im Olymp, welche manchem Dandy im Par=
terre, mancher Zierpuppe in der Logenreihe als Muster
zur Nachahmung vorgehalten werden konnte. Schauspie=
ler, welche sich der Gunst dieser nichts weniger als leber=
nen Jungen erfreuten, wurden freilich mit lautem Ge=
johle, mit einem wildbrausenden Sturm von Beifall
empfangen.

In der späteren Zeit galten Raimund, Korn=
theuer und Ignaz Schuster als Lieblinge der Bevöl=
kerung der letzten Gallerie. Eine Lokalsängerin, welche
einmal Bresche in das Herz der Schusterjungen gesungen,
konnte später das albernste Couplet vortragen, und blieb
doch des reichsten Applauses sicher. Eine rührende Scene
erlebte ich selbst, doch nicht im Theater, nein auf dem —
Friedhof. Ein Schusterlehrling klebte an einem Allersee=
lentage ein Wachskerzchen auf das Grab der unvergeßli=
chen Therese Krones.

Die Schusterjungen schwärmten auch nur in der
Thespisbube für weibliche Schönheit; außer der Theater=
zeit erregte das Wort Liebschaft meist Grauen und Be=

denken bei ihnen, denn sie sahen, wenn sie von einer „Bekanntschaft" hörten, vor ihrem inneren Auge die Schreckensgestalt der Frau Meisterin auftauchen, und fürchteten eine neue Menschwerdung eines bräuenden weiblichen Drachens erleben zu müssen.

Es ist auch etwas Furchtbares um eine Frau Mei=sterin!

Ein Witzbold meinte daher einmal, das Hauptwort Weib habe wie die Beiwörter drei, eigentlich zwei Stei=gerungsgrade, und laute im

Positiv: böse Sieben,

Comparativ: Stiefmutter

Superlativ: Frau Meisterin.

War die Vorstellung zu Ende, so stürzten die Pech=knirpse so zu sagen kopfüber die schmale Treppe hinunter, und wer sich verspätete, der kroch den erwachsenen Thea=terbesuchern durch die Beine hindurch, um nur so bald als möglich in das Freie zu gelangen; denn auf dem Theaterplatze hatten seine Kameraden gewiß schon wieder einen hochkomischen Schelmenstreich in die Scene gesetzt. Dies war auch die Stunde, wo es klassische Bonmots regnete.

So schlich einst ein Schusterlehrling furchtsam an den abgemagerten Gäulen eines Fiakers vorüber. — „Fürchte dich nicht, Dummrian," sprach der Fiaker, „meine Pferde schlagen nicht aus!" — „Aber umfallen könn=ten's, die Lamperln!" lautete die beißende Antwort, von einem Sturm von Gelächter von Seite der Umste=henden begleitet.

Am andern Morgen gingen derlei Schwänke bereits von Mund zum Munde. Alle Welt wollte Ohrenzeuge derselben gewesen sein, denn der Schusterbube von ehemals war der Blumauer in Prosa und Schurzfell, der Sonnleithner in Hemdärmeln, der M.G. Saphir mit dem Knieriemen, kurz der personifizirte Witz von Altwien.

Die Zeiten haben sich geändert.

Die Wiener Schusterjungen sind — alt geworden.

Macht es der Ernst der Zeit, daß sich die Anekdote nicht mehr recht heimisch findet am Donaugestade? Hat die Kultur, die alles beleckt, die Urenkel des Hanns Sachs in Wien in die Lehre, in die Politur genommen?

Wer weiß es zu sagen!

Oder hat die Spekulation ihre Krallen auch nach der hiesigen Leistenjugend ausgestreckt? Böswillige behaupten ja, sie hätten zur Zeit, da die Epidemie des Aktienschwindels am grimmigsten wüthete, auch ein paar verkleidete Schusterjungen nach der Börse schleichen sehen. Wahlverwandtschaft würde wenigstens den Vorgang rechtfertigen, denn in der Renngasse pflegt man sehr oft in auffallender Weise mit Pech zu arbeiten. Warum sollte die leichtgläubige Jugend nicht dem Beispiel des kopflosen Alters folgen? Ein bekannter Humorist schrieb ja einmal, die Saumthiere vom Kahlenberg hätten sich entschlossen, die Börse zu besuchen, da sie gewohnt seien, belastet hinaufzusteigen und leer zurückzukehren.

Trägt die steigende Leselust die Schuld?

Hat der todte aus Blei gegossene Buchstabe das lebendige heitere Wort meuchlings umgebracht? Thatsache ist es, daß die Schusterlehrlinge in den Zeitungsblättern,

die sie für den Meister nach Hause tragen, herumbuchsta=
biren, und nach politischer Lektüre ist es ja doch unmög=
lich, rosiger Laune zu sein und einen gesunden Witz von
Stapel laufen zu lassen. Wie dem sei, die lustige Brut,
die ich eben geschildert, ist — alt geworden!

## 12. Kamelien auf der Bühne.

Die Bühne bedeutet die Welt der Fabel.

Es versteht sich also von selbst, daß in diesem geheimnißvollen, mehr als tausendjährigen Reiche mitunter sehr fabelhafte Dinge vorkommen müssen. Sagenkundige Männer behaupten ferner, daß der erste Musentempel keineswegs durch den parnassischen Kärrner Thespis erbaut, sondern schon weit früher an jener Stelle der Erde entdeckt worden sei, wo einst der Thurm von Babel zum Himmel emporragte. Thatsache ist es wenigstens, daß noch heute zu Tage in allen Schauspielhäusern der Welt an jedem Theaterabend gleichzeitig

dreierlei Sprachen

gesprochen werden.

Hiezu gehört erstlich die Konversation im Publikum.

Viel Erhabenes kommt bei diesem Dialekt freilich nicht immer zum Vorschein, diese Konversation vertritt zuweilen, namentlich in den Wiener Vorstadttheatern, sogar einen hundertfältigen Abklatsch eines gewissen Verses von Goethe über das Urtheil der Menge, den ich jedoch großer Unhöflichkeit wegen nicht näher zu bezeichnen wage. Auch denke ich nicht so streng aristokratisch, wie

Fürst Leo Sapieha in Schiller's Fragment, "Demetrius"
betitelt, wie der Woiwode, der da kühn behauptete:

> Was ist die Mehrheit? Mehrheit ist der Unsinn.
> Verstand ist stets bei Wen'gen nur gewesen!

Die eigentliche Schriftsprache, das wahre Hoch-
deutsch der Kunst wird auf der Bühne selbst geredet. Hier
waltet häufig die Poesie vor. Das geneigte Publikum
schweigt dann, und sieht in stummer Ehrfurcht das Große
aller Zeiten ernst und deutungsvoll an sich vorüber-
ziehen.

"Wie aber, wenn man eine alberne Posse gibt?"

Das geschieht zwar in Wien, namentlich in den
Vorstädten noch häufiger, aber diese Frage von Dir, ge-
schätzter Leser, beweiset demungeachtet Unbelesenheit in
der Naturgeschichte der Theaterwelt. Es gibt nämlich
auf der Bühne wie im Leben sehr viele sogenannte Götter und Menschen, welche überaus unwissend sind, nichts
gelernt haben, unorthographisch schreiben, und bei dem
Anblicke eines Gerichtes Spargel hartnäckige Migraine
bekommen, weil sie das einzig Genießbare an jenem edlen
Gewächse, den Kopf, für überflüssig, ja sogar für gesund-
heitswidrig halten. Es muß aber schon des Kontrastes
willen auch dumme Götter und Menschen geben.

So viel als Antwort auf deine Frage!

Der dritte Dialekt ist das heimliche Sanskrit der
Koulissenwelt.

"Sanskrit?"

Nur Geduld!

Diese Geheimsprache wird von den Thespiskindern
von der Bühne aus einzig mit wenigen Auserwählten

im Publikum geredet. Dieses Sanskrit ist eigentlich eine
Zeichensprache. Es besteht aus Hieroglyphen, zu welchen
kein Uneingeweihter den Schlüssel besitzt. Man könnte es
auch den elektrischen Telegraphen beim Lampenlicht
nennen.

Am geläufigsten sprechen es gewöhnlich die soge=
nannten

### Kamelien auf der Bühne.

Wer diesen Ausdruck nicht verstehen sollte, der lese
den Roman »die Dame mit den Kamelien« von Dumas
Sohn, oder blättere in dessen Schauspiel, »Demi-monde«
geheißen. Kamelien auf der Bühne sind nämlich Kinder
aus jenem Land der Frauen, als dessen Hauptstadt die
Pariser Chaumière gilt. Immermann nennt diese Re=
sidenz in seiner epischen Satyre »Tulifäntchen« noch
charakteristischer: Micromona. Goethe schilderte ihre Be=
wohner als verlorene Kinder mit schön gemalten Wangen.

Siehe: Gott und Bayadere!

Diese Kamelien wurden zwar zuerst in den Pariser
Treibhäusern schlechter Sitten entdeckt; diese reizende,
wenngleich seltsam duftige Species lebendiger Sumpf=
blumen hat sich jedoch auch nach Deutschland verirrt,
und die alte Stadt Wien darf sich gegenwärtig rühmen,
daß sie so manches Prachtexemplar dieser Art aufzuwei=
sen vermag.

Das Hauptkontingent der Kamelie — species thea-
tralis — liefern reizende Damen, welche zwar in der
Schauspielerliste einer Bühne als engagirte Mitglieder
verzeichnet stehen, aber nur selten, oft auch nie auftreten

und ihre Monatsgage nicht durch den Theaterdiener er=
halten, sondern an der Kasse irgend eines Mäcen aus
der Aristokratie oder aus der Börsewelt erheben.

Der Titel Schauspielerin ist eigentlich nur Thea=
terlack, darunter sich eine lebendige nach Moschus rie=
chende Zote verbirgt. Man könnte derlei Damen auch
des Vergehens dramatischer Anmaßung anklagen, da sie
zum Beispiele die Rolle der Lady Milford zwar im Leben
sehr fleißig studiren, dieselbe aber nie auf der Bühne
selbst darstellen.

Dies Kamelienthum ist von großem Uebel für die
Kunst.

Erstlich sperrt es mancher wirklich talentvollen,
aber prüden Anfängerin den Weg in die Koulissen=
welt; ferner lassen sich auch viele Kunstjüngerinnen, die
sich bereits einiger Renommée erfreuen, aus Neigung zu
Luxus und Komfort zu kleinen Gefälligkeiten gegen irgend
einen »reichen Handelsmann aus Süden« verleiten.

Die bösen Folgen zeigen sich bald.

Die Muse wendet zürnend den Rücken, das ab=
trünnige Kind übt sich, statt in der Sprache der Poesie,
in dem Sanskrit der »Marmorschwesterschaft«, und ver=
geudet selbst die Muße der Urlaubszeit, wo es dem Stu=
dium leben oder sich in neuen Rollen versuchen könnte,
mit ländlichen Schäferspielen, denn es gibt so manchen
weißen Othello, der von Lenau nichts weiter kennt
als die eifersüchtige Strophe:

> Weiter soll sich nicht ins Land
> Lieb' von Liebe wagen,

Als sich blühend in der Hand
Läßt die Rose tragen!

Hiezu kommt noch, daß der leidige Nepotismus auch auf der Bühne zur Geltung kommt. »Gönnerschaften« entscheiden über die Rollenvertheilung, und »das Gänschen von Buchenau« avancirt zur Princessin Eboli, während das Talent als Cencerentola in den Hintergrund geschoben wird.

Doch zurück zur Sanskritsprache!

Die Geheimsprache beginnt schon vor dem Aufziehen der Kourtine. Dieser Vorhang verhüllt zwar, meint Hackländer, die Bühne, aber die reizenden Kinder der Kunst wissen die vielen kleinen Löcher und Risse in der Kourtine als eben so viele Telegrafen zur Korrespondenz mit den Auserwählten im Publikum zu benützen.

Hier zeigt sich ein feuriges Auge, das nur der Eingeweihte mit Hilfe des Opernguckers herausfindet; dort gewahrt man einen kleinen rosigen Finger, und daneben schimmert das Medaillon eines Armbandes, das seine Eigenthümerin nach einer früheren Verabredung in gleiche Höhe mit einem bestimmten Risse im Vorhange brachte.

Diese Telegraphie führte im vergangenen Frühling zu einer tragikomischen Szene. Eine Dame, die früher selbst zum Balletkorps zählte und daher in der theatralischen Geheimsprache wohlbewandert war, schöpfte Verdacht, der Herr Gemal verspüre eine bedenkliche Neigung zu einem hübschen Thespiskinde an einer Vorstadtbühne. Der weibliche Othello war zu dem ein gebornes Wiener Stadtkind, wußte also genau Bescheid hinsichtlich der Räumlichkeiten der hiesigen Theater.

Madame schützte daher Migraine vor, als der Ge=
mal eines Abends jenes Vorstadttheater besuchen wollte,
ließ den hocherfreuten Herrn der Schöpfung allein hin=
auswandern, fuhr in einer Lohnkutsche eilig nach, und
begab sich, mit einem trefflichen englischen Opernglase
bewaffnet, nach der zweiten Gallerie. Niemand vermu=
thete sie im Schauspielhause; der eifersüchtige Schöne
konnte daher den Vorhang ganz ungescheut beobachten.

Der Telegraf begann zu spielen.

An einem bestimmten Risse in der Kourtine zeigte
sich ein Smaragdring, welchen die geheime Kundschafte=
rin noch vor wenigen Tagen an der Hand ihres Gatten
erblickt hatte.

Der Ring erschien viermal.

Das war deutlich gesprochen! Es handelte sich um
ein Rendezvous, das um die vierte Stunde stattfinden
sollte. Der Herr Gemal war ein Langschläfer, auch pflegt
der Morgen wohl Gold, aber selten Liebe im Munde zu
führen. Er ist ein nüchterner Geselle, prosaisch jeder Zoll.
Das vorgeschlagene Stellbichein müßte also um vier Uhr
Nachmittags stattfinden.

Gleich darauf zeigte sich ein Blumenblatt am Risse.

Es stammte offenbar von einer Hyazinthe.

Das Räthsel war gelöst. In Schönbrunn stand
um jene Zeit die Hyazinthenflur zu schauen. Man wollte
sich also in der Nähe jenes Lustschlosses, vermuthlich in
jener weltbekannten eleganten Restauration zu Hietzing
treffen. Das Weitere ergibt sich wohl von selbst. Die
Liebenden wurden schlimm überrascht.

Es gab eine tragikomische Szene.

Ein Stelldichein ist ja, wie ein Geheimniß, für
Einen zu wenig, für Dreie zu viel, und nur für Zweie
eben recht. Das bleibt eine unerschütterliche Wahrheit.

Begeben wir uns jedoch zu unseren Kamelien zurück!
Endlich fliegt die Kourtine in die Höhe.

Nun mehren sich die Todsünden gegen den olympischen Geist der Kunst wie der Sand am Meere. Man
spielt nicht für das Publikum, nein, Klärchen, leidvoll
und freudvoll, schmachtet mit einem Egmont in einer Loge
ersten Ranges, die Jungfrau von Orleans sucht ihren
Lionel, statt im englischen Lager. auf einem Balkonsitze,
und »die Waise aus Lowood« forscht, ob sich nicht etwa
ein gewisser Lord einer andern Tochter Eva's wegen in
das Parterre verirrt habe. Noch weit ungenirter gibt man
sich auf hiesigen Vorstadtbühnen. So habe ich es bei
einem Zauberspiele, dessen Namen mir entfallen, erlebt,
daß Diana in ihrem Silberwagen den Darsteller des
schlummernden Endymion bald überfahren hätte, weil
sie einzig nach seinem Stellvertreter im Publikum spähte,
obgleich dieser Letztere aus Mangel an reizenden arka-
dischen Schäfern von einem unschönen deutschen Ham-
mel repräsentirt wurde, der wahrlich kein weiteres Verdienst besaß als die Schwere und Pracht seines eigenen
goldenen Vließes.

Das ist das Sanskrit in der Koulissenwelt!

Wer weiß zu sagen, wohin dies schmachvolle Treiben in der Kunst zu führen vermag? Darum sollte man
diesem Unfug bei Zeiten steuern. Der Musentempel darf
nicht zur Pepinière eines angehenden Lauzun oder Don
Juan erniedrigt werden.

Das Lorettenthum mag sich da draußen rekruti=
ren, wo die letzten Hütten stehen. Die Kunst ist das
wahre Mädchen aus der Fremde, und verschenkt sie auch
ihre Blumen, so möge es dort geschehen, wo wirklich ein
liebendes Paar daher geschritten kommt, wo sich nicht
das Gold zum Schminktiegel, sondern das Herz zum
Herzen findet!

Nieder mit den Kamelien auf der Bühne!

————

# 13. Das Fräulein von der Seife.

Die Kaiserstadt an der Donau besitzt zwar keine robusten Damen der Halle, aber Wien hat dafür so manches schmucke Fräulein von der Seife aufzuweisen. Was der Pariser unter Blanchisseuse versteht, was der Berliner mit dem Namen Waschfrau belegt, das heißt hier im Volksmund schlechtweg Wäscherin, bei ledigem Stande aber pflegt man von den schönen Wäschermädchen zu sprechen. Spottsüchtige gebrauchen den Ausdruck: die Fräuleins von der Seife. — Sonnleithner nannte sie Doppelspargel, und nicht mit Unrecht, denn erstlich besitzen die Wiener Wäschermädchen meist ein hübsches Köpfchen, ferner darf ihre Chaussure als tadellos bezeichnet werden.

Die nette Chaussure ist so zu sagen das charakteristische Merkmal, das allbekannte Stempelzeichen der gesammten schmucken Race. Ein echtes Wiener Wäschermädchen, das in vollem Staate mit dem Schubkarren aus der Vorstadt oder aus der Umgegend nach der innern Stadt fährt, gewährt überhaupt im Durchschnitte einen fast reizenden Anblick.

Der eng anliegende Spencer von lichter Farbe,

die blendend weißen Strümpfe, die glänzenden Stiefel=
chen bilden ein pittoreskes Ensemble, das einem Maler
aus der niederländischen Schule hinreichenden Stoff zu
einem sehr anziehenden Genrebild liefern könnte.

Man hat schon weit reizlosere Dirnen gemalt.

Es ist übrigens nicht blos Glaube unserer Stadt=
kinder, daß die große Gemeinde der Wiener Blanchisseu=
ses nicht nur fleißige und gewandte Hände, sondern auch
ebenso flinke und unermüdliche Füße besitzt; nein, die
erwähnte nette Beschuhung unserer brasten Wäschermäd=
chen hat auch selbst bei auswärtigen Touristen trotz
allem Naserümpfen über das Kapua der Geister, wie
man Wien einst nannte, warme und gerechte Anerken=
nung gefunden.

Ob die eleganten Herren der Schöpfung, ob die
heimischen oder fremdländischen Dandis gleichfalls Gnade
vor den Augen der Fräuleins von der Seife zu finden
pflegen, gehört zu den Gardinengeheimnissen, die man
nicht ausplaudern darf; doch möchte ich keinen städtischen
Liebesritter ermuthigen, in der eigentlichen Heimat der
Seisenengel auf ungesetzlichen Freiersfüßen herumzu=
wandeln, er könnte dort auf so manchen Raufbold mit
der ominösen Locke an den Schläfen stoßen, der zwar
nicht zu dem Dolche greift wie ein eifersüchtiger Süd=
länder, der aber eine Faust führt, deren blutige Haud=
schrift wochenlang in dem wundgeschlagenen Antlitz des
städtischen Rivalen lesbar zu verbleiben pflegt.

Die Wiener Wäschermädchen scheinen Enkelinnen
des bekannten Schnellläufers Ernst Mengsen abgeben
zu wollen; kurz sie dürften als weibliche Fußgänger nicht

so leicht ihres gleichen finden. Es ist keine Seltenheit, eine Wiener Waschfrau mit ihrem Bündel Wäsche von der Roßau, wo sie zu Hause ist, zu einer Kundschaft auf der Landstraße wandern zu sehen. Das sei nur ein Katzensprung, heißt es bei diesen rüstigen Weibern. Viele besinnen sich nicht einmal, im Verlaufe des Sommers die frischgewaschenen Linnen nach den oft ziemlich weit gelegeneren Villen und Landhäusern außerhalb des städtischen Weichbildes hinauszutragen.

Wie gesagt, Ernst Mengsen im Unterrocke.

Die Ehrlichkeit der Wäschermädchen am Donaugestade ist gleichfalls eine notorische Thatsache. Ich selbst weiß nur eine Ausnahme von dieser Regel. Die Strafe ereilte die Schuldige jedoch schon nach wenigen Tagen. Die Geschichte spielt anfangs der vierziger Jahre und verdient um so mehr erzählt zu werden, als sie mit einem lustigen Wäscherball in Verbindung steht. Dieser Wäscherreigen pflegt wie der Fiakerball gegen das Ende des Karnevals, oft auch erst nach dem Faschingdienstag stattzufinden.

Nach eingeholter Bewilligung nämlich!

Dieser Ball gilt ferner als Stellbichein unserer Stutzer von Gold wie von Messing, die sich jedoch aus dem oben angedeuteten schlagfertigen Grunde dabei nicht die mindeste verliebte oder galante Tändelei zu erlauben wagen.

Ein derlei Fest ward einst am Himmelpfortgrund gefeiert.

In der betreffenden Schenke ging es daher auch am Ballabend gar lustig her. Die schmuckesten Wäscher-

mädchen aller benachbarten Gründe bildeten die junge
Garde der Tanzkönigin, und die fidelsten Jungen dreier
Vorstädte griffen tüchtig in den Seckel, um die Kosten
des Abends so „beispiellos theuer" als möglich zu gestalten. Gerstensaft wie junger Wein floß in Strömen, ja
so reichlich, daß sich der benachbarte Alserbach, der damals noch lange nicht überbrückt worden war, zum ersten
Mal in seinem Dasein seiner dürftigen Anzahl Wellen
zu schämen begann. Der Himmel, oder besser gesagt, die
Stubendecke hing voll Geigen. Der beste, ja der allerbeste
Zitherspieler, den man auftreiben konnte, ließ seine Sai-
ten wacker ertönen, und zwei Leiermänner wetteiferten,
wer es dem Andern zuvorthun könne in neuen, wild-
lustigen Tanzstücken.

Als Königin des Festes galt eine Blanchisseuse,
Namens Johanna, gewöhnlich aber Schönhannchen genannt. Auch die übrige Gesellschaft nahm sich sehr stattlich aus. Die Mädchen in ihrem bereits geschilderten
netten Kostüme, die Burschen in weißen Beinkleidern und
gleichfärbigen Jacken, die Zipfel des gelben Halstuches
zu einer mächtigen Schleife verschlungen, die Wände mit
grünen Reisern geschmückt, die Eimer mit Efeu verziert,
selbst der Tabakqualm, der in blauen Wolken durch das
Luftloch in den Fenstern zog, und den tanzenden Paa-
ren eine nebelhafte Färbung verlieh: alles dies zusammen lieferte einen sehr pittoresken Anblick, und ein Maler hätte mit einem treuen Abbild dieses echten Stückes
Wiener Volkslebens ein weit anziehenderes Genrebild geliefert, als wir sonst gewöhnlich in den Kunstsalons zu
schauen, zu bewundern bekommen.

Die Perle blieb jedoch Schönhannchen.

Holb und reizend zu schauen, pflegte sie acht bis zehn Touren Walzer in einem Athem »wie aus einem Rohr« herunterzustampfen, alt wie jung blickte ihr bewundernd nach, und ein betagter, doch noch rüstiger Hausherr aus der Nachbarschaft ergriff sogar sein Halbglas Wein, und leerte es auf einen Zug, gleichzeitig in die Worte ausbrechend:

»Es lebe der Seifenengel vom Himmelpfortgrund!«

Allgemeines Gelächter folgte diesem charakteristischen Toaste. Im Hintergrunde der Stube, hart am Schenktische hatten sich jedoch gleichzeitig ein paar Gestalten eingefunden, denen die Gäste der Kneipe in scheuer Ehrerbietung auszuweichen schienen.

Bald darauf ward der Gastgeber hinausgerufen.

Dieser Wirth, ein dicker, robuster Mann, war sonst nicht so leicht aus seinem Gleichmuth zu bringen, an jenem Abend aber kehrte er jedoch mit verstörter Miene nach dem Tanzboden zurück, und rannte der Königin des Festes mit etwas unsicherer Stimme die Worte zu:

»Schönhannchen, draußen steht ein Herr, der Dich sprechen will!«

Die Dirne erröthete flüchtig.

Hannchen mochte wohl wähnen, ein Stadtherr, irgend eine vornehme Kundschaft gedenke ihr an diesem Ballabend als unerwarteter Gast eine schmeichelhafte Ueberraschung zu bereiten; aber auch von ihren Wangen wich alle Farbe, als sie auf die Hausflur trat und auf den ersten Anblick einen Mann erkannte, bei dessen Erscheinen alle Hüte auf dem Himmelpfortgrund von den Köpfen flogen.

»Welche Ehre!« stammelte sie, »der Herr Kom= missär!«

Dieser aber legte den Finger an den Mund, und befahl dem Mädchen ihm schweigend zu folgen. Die Aermste erschien auch nicht wieder auf dem Tanzboden, und die Kunde von ihrer Verhaftung lief trotz der späten nächtigen Stunde wie ein Lauffeuer durch alle benach= barten Gründe.

Was konnte vorgefallen sein?

Armes Hannchen!

Dies war aber nur das Vorspiel zu einer noch schlimmeren Nachricht. Jung und alt blieb mit weit auf= gesperrtem Maule auf seinem Platze wie eingewurzelt stehen, einer betagten Köchin entfiel die Schnapsflasche, und ein Hausknecht ließ vor Entsetzen das Feuer seiner geliebten Tabakspfeife ausgehen, als der uns bereits be= kannte Hausherr, seinem Handwerk nach ein Fleischsel= cher und Wurstverkäufer, am anderen Morgen seinen Kun= den, während er seinen Laden aufschloß, trostlos zu= flüsterte:

»Wisset ihr was Neues, Kinder, Schönhannchen hat falsche Banknoten gemacht!«

Die Angabe war jedoch irrig.

Der Seifenengel hatte blos das siebente Gebot übertreten.

Die Sache verhielt sich so.

In der langen Gasse in der Josefstadt lebten da= mals die Gebrüder N. nebst einer Schwester oder An=

verwandten. Die saubern Herrn schienen ihrem Gewerbe
nach Kupferstecher zu sein, und galten lange Zeit als sehr
fleißige und ehrbare Leute. In Wahrheit aber waren sie
Banknotenfälscher, welche ihr lichtscheues Treiben in tie=
fes Dunkel zu hüllen wußten. Eines Tages aber be=
merkte der jüngere Bruder, daß die falsche Banknote,
mit der er eben in einem Gasthofe seine kleine Zeche be=
richtigen wollte, nicht sehr gelungen sei, und ein paar
verdächtige Spuren der Falsifikation gewahren lasse. Er
beschloß daher vorsichtig, wie er war, diese Banknote
gar nicht zu verausgaben, und steckte sie, um sie nicht
etwa unter die übrigen tabellosen Banknoten zu mengen,
in seine rechte Westentasche.

Göttin Nemesis lauerte jedoch bereits im Hinterhalte.

Allzu scharf macht schartig.

Gerade diese Vorsicht sollte den Verbrecher in das
Verderben stürzen. Der Banknotenfälscher brachte näm=
lich den Abend mit ein paar lustigen Kumpanen bei einem
wüsten Gelage zu, und kehrte erst spät in der Nacht in
halbtrunkenem Zustande in seine Wohnung in der langen
Gasse zurück. Als er am andern Morgen gegen acht
Uhr Früh erwachte, verspürte er gewaltigen Katzenjam=
mer, so daß er auf die Banknote in der rechten Westen=
tasche ganz vergaß, und erst Nachmittags an sie dachte,
als er sich behufs eines Spazierganges ankleiden wollte.

Das Unglück war aber bereits geschehen.

Die Schwester oder Anverwandte hatte das Gilet
als stark beschmutzt in die Wäsche gegeben. Ein weiterer
Uebelstand war es, daß weder dieses Weibsbild, noch
einer der Brüder die genaue Adresse der Waschfrau an=

zugeben wußte. Nachfrage konnte die Sache leicht auf=
fallend machen. Man beschloß daher die Angelegenheit
einstweilen auf sich beruhen zu lassen. Verschwand die
Banknote im Seifenwasser, um so besser; kehrte sie, in
ehrliche Hände gerathen, wieder zu ihrem ursprünglichen
Besitzer zurück, so konnte sie noch immer vernichtet werden.

Es kam jedoch viel bedrohlicher.

Schönhannchen war es eben, die von ihrer Base
und Gebieterin, einer bemittelten Waschfrau, welche auch
mehrere Kunden in der Josefstadt zu bedienen hatte, das
erwähnte beschmutzte Gilet zu waschen bekam. Nach dem
Brauch ihrer Zunft langte die Dirne zuerst in die Westen=
taschen, um sich zu vergewissern, daß nichts darin ver=
gessen worden sei. Bei dieser Gelegenheit fiel ihr die falsche
Banknote in die Hände. Anfangs beschloß das ehrliche
Kind das gefundene Papier ihrer Base zu übergeben. Zum
Unglück kam aber eben der Schuster mit einem neuen
Paar Stiefelchen, welche sich Schönhannchen eigens für
den Abend des großen Wäscherballes hatte anfertigen
lassen.

Die Stiefelchen saßen wie angegossen.

Die Bezahlung derselben erschöpfte jedoch den Baar=
vorrath des Wäschermädchens, auch gab es noch anderwei=
tige Ausgaben für das Ballfest zu bestreiten, und so be=
schloß denn das leichtfertige Kind die gefundene Banknote
einstweilen für sich zu behalten, mit dem festen Vorsatz
jedoch, das unfreiwillige Dalehen in möglichst kurzer
Zeitfrist mit geheimem Dankgefühle zurückzuerstatten.

Der Mensch denkt, Gott lenkt!

Die fragliche Banknote wurde von einem Nachbar

des Schuhmachers, einem Kaufmann, noch am Abend des Balltages als falsch erkannt.

Das Weitere ergibt sich von selbst.

Schönhannchen gestand schon bei dem ersten Verhör ihr Vergehen, und wurde in Folge ihres bisher unbescholtenen Lebenswandels wie Dank ihrem freimüthigen Bekenntnisse aller Beweggründe zu der verbotenen Handlungsweise zur leichten Haft von kurzer Dauer verurtheilt.

Und die Fälscher?

Die Behörde traf nach dem obenerwähnten ersten Verhöre des Wäschermädchens mit gewohnter Umsicht die nöthigen Maßregeln, und so wurden die Banknotenfälscher noch in derselben Nacht aufgehoben; auch fand man unter den Dielen des Fußbodens thatsächlich eine kleine Handpresse, deren sich die Verbrecher zur Beischaffung gewisser Zeichen auf dem gefälschten Papiergelde zu bedienen pflegten. Die Gerechtigkeit bestrafte sie mit verdienter Strenge.

# 14. Das Ballet in Wien.

Der berühmte Choreograph Noverre schrieb bekanntlich ein Buch über die Tanzkunst. Es findet sich eine seltsame Stelle darin, des Inhaltes: »Ich las Homer, Virgil, Horaz, ich sah die Bilder von Raphael, Titian, Paul Veronese, und lesend, schauend erglühte ich für meine — — Kunst.«

Ein Balletmeister begeistert sich an Homer?!

Das mag komisch klingen, aber ein Goldkorn Wahrheit liegt doch in den obigen Worten. In früheren Zeiten war ja die Choreographie noch wirklich eine Kunst, eine Wissenschaft. Der Tanz erforderte auch mühsames Studium.

Es brauchte jahrelanges Streben, bis sich Fanny Elßler den Beinamen der Göttlichen erwarb, bis man von Maria Taglioni der Aelteren sagte, sie tanze Goethe. Später sank der Tanz zum Handwerk herab. Handwerk hat jedoch einen goldenen Boden. Dies bewies Lola Montez, an deren Reitgerte manche Eheringe, ja eine Grafenkrone hängen blieben. Dann kam Pepita de Oliva und tanzte Paul de Kock. Die reizende Spanierin that klug und weise. Die Bücher jenes Autors haben ihm wie ihr eine hübsche Summe eingetragen. Auch Petra Cam-

7 *

mara lieferte den Beweis, daß man nicht immer beson=
ders schön zu sein brauche, sondern daß es genüge, ein
paar Reminiscenzen an gewisse Garbinengeheimnisse in
seinen Tanz zu verweben, um hundert Männer närrisch
und eben so viele Frauen eifersüchtig zu machen.

Das liegt so im Zeitgeiste.

Wir haben dies Alles in Wien erlebt.

Bei diesem Treiben mußte die Choreographie ihres
poetischen Anrechtes verlustig werden. Es waren aber
nicht jene zwei Töchter aus dem Lande jenseits der Pyre=
näen, welche das echte Ballet aus der Mode brachten,
und die Choreographen auf halben Sold setzten, nein,
gerade ihre gefeierten Vorgängerinnen, wie die Taglioni,
Elßler, Cerrito, Grahn und Grisi dekretirten den Ver=
fall der Tanzkunst.

Es war ein Staatsstreich im Reiche Terpsychorens.

Man schrieb eben den zweiten Dezember.

Die schaulustige Welt verlangte keine Tanzpoeme
mehr, darum wollte auch kein neuer Vestris erstehen.
Anmuthige Tanzlibretti wurden rein überflüssig, denn die
Choreographie erniedrigte sich zum fahrenden Virtuosen=
thum; alle jene gerühmten Damen tanzten ausschließend
nur sich selbst, und jedes neue Ballet war blos eine mit
Pas geschriebene Modezeitung, darin die jeweilig ge=
feierteste Tänzerin als lebendiges Modebild zur Schau
ausgestellt wurde.

Was von der Mode lebt, stirbt mit der Mode!

Der Klang der Kastagnetten bei dem anmuthigen Glie=
derspiele während der Kachucha und Gitana war das Grab=

geleite der Poesie in der Tanzkunst. Man ging nicht mehr in das Theater, um ein neues Ballet zu sehen, nein, man griff zu dem Opernguder, um irgend ein reizendes Elfen= kind zu bewundern. Deßhalb schrieb auch bekanntlich die ältere Taglioni in den Atlasschuh, den sie einem ihrer glühendsten Anbeter verehrte, voll Stolz, doch mit Recht die vielsagenden Worte:

La danse c'est moi!

(Der Tanz bin ich allein.)

Das Uebel ward immer schlimmer.

Die Urtypen der Ballete der Gegenwart, nament= lich in Wien, sind, wie schon M. G. Saphir geistreich be= merkte, die eingelegten Arien, das heißt, die Pas, die Soli, Pas de deux, Pas de trois; vom eigentlichen Kerne des Balletes, von Handlung, von charakteristischer Darstellung, von sinnvollen Gruppirungen der Massen, von dramatischer Thätigkeit des Corps de Ballet ist keine blasse Spur mehr zu finden.

Wer kein Geld, wer keine Fantasie hat, muß von einem fremden Sädel, von einem fremden Autor borgen. Die früheren Balletmeister kontrahirten daher Schulden bei irgend einem Dichter oder Schriftsteller. Die Ge= schichte der Choreographie beweist, daß fast alle berühm= ten Ballete nach schönen Dramen bearbeitet wurden, und daß fast alle Ballete, welche Balletmeister erfanden, sich weder eines dramatischen Werthes, noch eines pittores= ken Anblickes zu erfreuen haben.

Eine historische Wahrheit!

Ein Satyriker behauptete einst, alle Opern seien

matt, bei welchen Text und Musik von demselben Verfas=
ser herrühren. Dies gilt auch von jedem Ballete, falls
Programm und Aufführung von demselben Vater her=
stammen. Die Franzosen waren und sind da klüger. Wie
oft wurde Heinrich Heine von den Choreographen in
Anspruch genommen. Man denke nur an sein vielbespro=
chenes Tanzpoem »Faust«, das sogar im Druck erschienen.

Tanzpoem und Operntert sind fast dasselbe.

Das dramatisirte Märchen »Ritter Tannenhäuser«,
das aus meiner Feder stammte, und in den Jahren
1852/3 im Theater an der Wien fünfundsiebzigmal ge=
geben wurde, war eigentlich auch nur ein Tanzpoem, ein
getanzter Operntert.

Einen weiteren Beleg für das Sachverständniß der
Franzosen lieferte das fantastische Ballet »Gisella oder
die Willis«. — Die Balletmeister Saint=Georges
und Coraly, der Komponist Adam, der Dekorateur
Ciceri und der Dichter Theophil Gautier vereinigten
sich, um der Académie royale de musique zu Paris ein
Kassastück zu schaffen, das als eine Bereicherung der
Poesie, Musik, Choreographie und Dekorationskunst be=
zeichnet werden durfte. Das Hauptverdienst gebührte dem
geistvollen Gautier, ihm, der nicht blos Kritiker war,
sondern auch Dichter in Versen und Prosa, Dichter in
seinen Romanen, Dichter in seinem Feuilleton. Er grün=
dete eine gewaltige Pentarchie des Geistes, einzig und
allein — — um ein Ballet zu erfinden.

Und hier in Wien?!

Einst gab es freilich eine Zeit, wo die Choreogra=

phie als ein Stück Kultus des Schönen betrachtet und
demgemäß betrieben wurde. Auch standen damals dem
jeweiligen Balletmeister ganze Schwärme von leichtbe-
schwingten weiblichen Faltern zu Gebote. Ich habe bereits in dem Artikel „der Theaterverbitterer" erzählt,
welche Unzahl reizender Ratten damals im Wiener Operntheater hausten, und wie die Mehrzahl derselben später
zu einem berühmten Namen, ja selbst zu einem europäi-
schen Rufe gelangten. Auch fehlte es nicht an Tänzerinnen ersten Ranges, deren Gage mit dem Talente im
loyalen Verhältnisse verblieb.

Und jetzt?

Es scheint, daß der Materialismus, der sich im gewöhnlichen Leben wie in der Weltgeschichte so unerquick-
lich breit macht, allmälig auch in allen Gebieten der
Kunst den geistigen Nachwuchs aufzureiben, zu vernich-
ten droht.

In der Gegenwart müssen wir uns mit so mancher
prima ballerina begnügen, die zum Beispiel in Paris
kaum als Tänzerin zweiten Ranges bezeichnet werden
dürfte. Was ferner die Koryphäen, die Ratten anbelangt,
so sind sie zwar kein Gegengift gegen jugendliche Zärt-
lichkeit, aber als lebendigen Liebestrank wird sie niemand
betrachten, noch weniger — zu verkosten wünschen.

Es fehlt zudem an angeborner Anmuth.

Anmuth läßt sich aber nicht erlernen. Venus könnte
das Geleite der Grazien viel leichter entbehren, als ihre
Nichte Terpsychore. Wo das Gefolge der Charitinen
mangelt, da bringt man es höchstens zum El Ole, aber

von Pepita de Oliva bis zur Fanny Elßler ist ein weite=
rer Weg als von der Heimat der Cagots, dieser Kretins
an den Pyrenäen, bis nach der Siebenhügelstadt Rom,
wo die ewigen Götterbilder zu schauen, und jedes zweite
Weib als Zwillingsschwester der Rose zur Welt ge=
kommen.

Noch schlimmer ist es mit der Wiener Choreogra=
phie bestellt.

Hier zu Lande gehen die Balletmeister weit sorglo=
ser zu Werke als ihre Kunstgenossen in Paris. Was küm=
mert sie der Mangel an Handlung, an Erfindung und
Charakteristik? Der Kern des Tanzlibretto besteht meist
darin, daß sich die Hauptpersonen hinsetzen, und sich von
den Ratten des Balletes etwas vortanzen lassen, bis
auch ihre Stunde schlägt, bis sie am Ende selbst von
ihrem Rauschgoldsessel herabsteigen, und in einem glän=
zenden Pas be trois zu beweisen suchen, daß ein Ballet
eigentlich keines dramatischen Inhaltes bedarf, daß es
weder Manuskript noch Pedeskript, sondern etwas sei, was
weder Hand noch Fuß besitzt.

Ein trauriges Zeichen der Zeit!

Das Schlimmste an der Sache ist schließlich der
Umstand, daß der Balletmeister der Gegenwart — in
Wien nämlich — die Zuschauer einfach zu verblüffen, in
Betäubung zu versetzen, und nebenbei dem verdorbenen,
welken Geschmacke des Publikums durch getanzte Kantha=
riden aufzuhelfen sucht. Man glaubt sich mitunter gerade=
zu nach jenen Pariser Tanzböden verzaubert, wo Griset=
ten und Loretten den Ton anzugeben pflegen. Man
träumt nach dem alten heidnischen Babylon verschlagen

worden zu sein, zur Stunde, da eben das geheime nächstige Opferfest der berüchtigten Scharlachdame in die Scene gehen soll.

Worte des Tadels gegen dies erbärmliche Treiben werden entweder als Injurie bezeichnet, oder der Balletmeister zuckt mitleidig die Achseln, wirft die Kritik bei Seite, und meint in seinem schlechten französischen oder italienischen Geplauder trocken, es sei eben nichts weiter als eine

## Confession d'un sauvage sur les moeurs de la civilisation.

Nun ja, die Sonne geht auf über Negern und Weißen, über Bösen wie über Gerechten! Auch gab es einmal einen Schlag Menschen, welche Pharisäer hießen, scheinheilig die Augen verbrehten, und trotz der starren Selbstvergötterung weder allgemeine Achtung zu erringen, noch die vielgeschmähten Zöllner aus dem Tempel zu bannen vermochten.

Dieser Menschenschlag ist noch nicht ausgestorben.

Die Stunde der Vergeltung wird jedoch nicht ausbleiben. Dann naht die Nemesis und meint, Schund sei Schund, ob man ihn auch noch so schlau unter lustigen „Karnevalsabenteuern zu Paris" zu verstecken sucht. Wahrheit und Poesie sind ein ewiges Licht, ein himmlisches Feuer, das kein »Kaminfeger in London« auszulöschen vermag.

Menschenkinder von echter Bildung behaupten schon jetzt, das gegenwärtige Wiener Ballet sei nichts weiter als eine getanzte Vorstadtposse, während es dem Drama

und der Oper gegenüber gerade dieselbe Stellung ein=
nehmen sollte, die man dem duftvollen, zauberhaften
„Sommernachtstraum" unter Shakespeare's übrigen
Werken einzuräumen pflegt.

Mene thekel upharsin.

Gezählt, gewogen und zu leicht befunden!

## 15. Die Wiener Volkssänger.

Volkssänger gab es in Wien seit grauen Zeiten. Der bekannteste Bänkelsänger war der lustige Kauz Augustin im siebzehnten Jahrhunderte, der von Jugend auf allen Erzählungen von merkwürdigen Ereignissen gerne zuhörte, sie in seinem Gedächtnisse treu bewahrte, und sich schon frühzeitig auf das Studium der edlen Musika verlegte, in der Art nämlich, wie es unsere Drehorgel= männer noch heut zu Tage zu machen pflegen; das In= strument nämlich, welchem Augustin sein Studium wid= mete, war nichts Anderes als die Sackpfeife, noch deut= licher bezeichnet, der Dudelsack, die Drehorgel jener Zeit, die indessen einige Kunstgriffe erfordert, und nicht so ganz Mechanismus war wie der Leierkasten der Jetztzeit.

Mit dem Dudelsack unter dem Arme und ein paar Dutzend Liedern im Gedächtniß zog Augustin zu den Kirchtagen in den Vorstädten und Luken, auch in die umliegenden Dörfer, und zur Faschingzeit besuchte er nach der Art der heutigen Harfenisten regelmäßig an be= stimmten Tagen gewisse Schenken und Kneipen.

Augustin war der Amphion seiner Zeit.

Der Zudrang zu seinen Sangleistungen steigerte sich mit jedem Jahre. Die Schenken, wo er am häufigsten

einzusprechen pflegte, lagen außer einigen ganz gemeinen
Bierkneipen im Kroatendörfel, jetzt St. Ulrich, und im
Schöff, gegenwärtig Mariahilf: auch erschien er gern
beim rothen Hahn auf der Landstraße, im Gulden Kapau-
nen auf der Wieden, im Gulden Lambel in der Leopoldstadt. In der Stadt fand man ihn bei den drei Hasen in
der Kärnthnerstraße, beim Klepperer auf dem Kohlmarkt,
beim gelben Adler im Sauwinkel, besonders aber in der
Bierschenke zum rothen Dachel bei dem Eingang der Muster auf dem alten Fleischmarkt, dessen Wirth Herr Ulrich
Konrad Puffer geheißen ward. Dort, beim Dachel nämlich, zeigte er sich jeden Donnerstag und Sonntag, und
pflegte daselbst so lang zu singen und zu trinken, bis
sicherer Tradition nach seine Stimme, seine Beine un-
sicher wurden, und er nicht selten durch fremde Unterstü-
tzung nach seinem Quartiere geschafft werden mußte, das
nach jener mündlichen Ueberlieferung aus einem Dach-
kämmerlein in der Hahngasse auf der Landstraße bestand.

Seine Volksgesänge, namentlich das berühmte Lied
»vom Einerlei« erfreuten sich in der damaligen Zeit einer
so großen Beliebtheit, als vor etwa einem Vierteljahr-
hundert der Gassenhauer vom fidelen Leben im Lerchen-
feld und Moser's Kouplet von dem Faulpelz, der nichts
so gerne that, als eben nichts thun. Bekannt ist es ferner, daß er 1679, als die große, furchtbare Pest in Wien
einriß, im trunkenen Zustande bei Nacht und Nebel in
eine halbgefüllte Pestgrube vor dem Burgthore fiel, dort
einschlief, und erst am nächsten Morgen durch die Pest-
knechte aus der unheimlichen Schlummerhöhle gezogen
wurde.

Dieses fürchterliche Abenteuer hatte jedoch keine
gefährlichen Folgen für den nervenstarken Augustin.
Die betreffende Erzählung verschaffte ihm vielmehr manche
milde Spende; auch brachte er diese schauervolle Historie
in zierliche Reime, welche schallenden Beifall fanden,
leider aber, da sie blos Manuskript blieben, nicht auf
unsere Tage gelangten. So lebte Augustin ohne weitere
Gefährde noch lange Jahre, und erst den 17. Hor=
nung 1702, als er bereits über siebzig Jahre alt war,
rührte ihn der Schlag, eben als er nach einem durch=
schwelgten Abend sein Kämmerlein erreicht hatte. Der
Aermste vermochte den Tod nicht zum zweiten Male um
sein erkornes Opfer zu betrügen. Begraben ward er auf
dem Nikolaus=Gottesacker, auf dem gegenwärtigen Kir=
chenplatze der Landstraße, auf jenem Freithof, der 1783
kassirt wurde. Auf diesen Bänkelsänger bezieht sich das
bekannte alte Volkslied: »O Du lieber Augustin!«

Diesem heiteren Kauz folgten gar viele Wiener
Volkssänger, die zwar nicht so berühmt waren, aber ihrer
Zeit gleichfalls lebendige Magnete für Silber und Ku=
pfer zu Gunsten der Schenkwirthe abgaben. Witz, Humor
war ihnen angeboren, und entschlüpfte dem Bänkelsänger
auch zuweilen ein zweideutiger Scherz, so roch er doch mehr
nach der Chaise percée als nach dem Bordell. Unsere
Vorfahren hielten auf Zucht und Ehre, und schamlose Lie=
der, wie wir sie jetzt hie und da zu hören bekommen,
hätten dem Rottenmeister der Scharwache einen Arrestan=
ten mehr in die Hände geführt; ja der nächste beste ge=
meine Rumorknecht würde einen Bänkelsänger, der sin=
gend das sechste Gebot zu übertreten gewagt, ohne wei=

tere Nachfrage in den Kotter oder Carcer geschleppt
haben.

Unsere heutigen Volkssänger pflegen sich in dieser
Hinsicht kein Blatt vor den Mund zu nehmen, am aller-
wenigsten ein Feigenblatt, ja man könnte auf sie ohne
Uebertreibung nachstehende Verse aus der berühmten Ka-
puzinerpredigt in »Wallenstein's Lager« anwenden, des
Inhaltes:

> Die Frau in dem Evangelium
> Fand den verlornen Groschen wieder,
> Der Saul seines Vaters Esel wieder.
> Der Josef seine saubern Brüder,
> Aber wer bei Wiens Volkssängern sucht
> Die Furcht Gottes und die gute Zucht,
> Und die Scham, der wird nicht viel finden,
> Thäte er auch hundert Laternen anzünden!

Doch wir wollen der Zeitfolge nicht vorgreifen!

Die Volkssängerwirthschaft, wie sie jetzt in Wien besteht, dürfte ungefähr in der Mitte der Zwanzigerjahre
begonnen haben. Damals etwa wurde es den Bänkel-
sängern gestattet, Kostümes zu tragen, dramatische Szenen aufzuführen. Derlei Stegreifdramen waren auch in
den Salons beliebt. Wallner, der jetzige Theaterdirektor
zu Berlin, welcher die Stimme und das Geberdenspiel des
seligen Ferdinand Raimund so trefflich nachzuahmen verstand, galt in jener Zeit in den Cercles der Aristokratie
financière als Großmogul dramatischen Scherzes; auch
besaß er ein ganz eigenthümliches Talent, der kürzesten
Szene dramatisches Leben zu verleihen, und der scheinbar abgeschmacktesten Theaterfigur eine wahrhaft hoch-

komische Seite abzugewinnen. Er war der Liebling der
Salonwelt.

Die eigentliche Aera der gegenwärtigen Bänkelsän=
gerei begann jedoch erst mit dem wackern Volkssänger Mo=
ser. Er hat dieses heitere halbbramatische Genre wenn nicht
erfunden, doch wenigstens zu einer Art theatralischen Gel=
tung erhoben.

Moser ist der Thespis von Wien.

Der Thespiskarren wurde abermals von Vorstadt
zu Vorstadt geschoben, wandernde Schauspielertruppen
tauchten nach ihm auf aus aller Welt Ecken und Enden.
Damals hielt sich aber auch das Volkssängerthum in den
Schranken harmloser rosiger Laune, und selbst prüde
Leute durften sich nicht scheuen, irgend eine Schenke zu
besuchen, an deren Thür in Transparentschrift zu lesen
stand, Moser werde heute seine neuesten Ränke und
Schwänke an die Reihe kommen lassen.

Seine Glanzzeit fällt in die Dreißigerjahre.

Das zweite Kaffehhaus im Prater, noch jetzt stark
besucht, galt damals, wenn Moser spielte und sang,
nicht blos als Sammelplatz der großen Menge, es war
auch das Stelldichein gebildeter Menschenkinder, hoher
Kavaliere. Das dreifache Kleeblatt Moser, Gatter und
Hagen konnte aber auch in seiner Art so gut als Trias
echter Komik bezeichnet werden, als man es in der Thea=
terwelt von Nestroy, Carl und Scholz zu sagen, zu
behaupten pflegte. Moser war ein Spaßvogel jeder Zoll.

Seine Fruchtbarkeit war sprichwörtlich.

Auch gab es so manchen Possenbichter, der, falls er
hinsichtlich eines Kouplet in Verlegenheit gerieth, den

witzigen Volkssänger Moser zu seinem geheimen Se=
kundanten erwählte. Dies führte einst zu einer sehr dra=
stischen Szene, deren Schaustätte im Parterre wie auf
der Bühne des Josefstädter Theaters gelegen war.

Man gab den »Zauberschleier« von F. X. Tolb.

Es war die erste Aufführung jener Zauberposse,
welche binnen Jahr und Tag in ununterbrochener Rei=
henfolge dreihundert Vorstellungen erleben sollte. Ein
unerhörtes Ereigniß, selbst für Wien! Man erzählte sich
noch vor dem Auffliegen des Vorhanges fabelhafte Dinge
von dem anzuhoffenden Erfolge, was sich auch später
vollkommen bewähren sollte. Als man jedoch die Kouplets
im Vorhinein hoch anschlug, konnte sich der Schreiber
dieser Zeilen, der im Parterre stand, eines mitleidigen
Lächelns nicht erwähren.

Man schüttelte ärgerlich den Kopf.

Um so größer war auch das Staunen meiner Um=
gebung, als der wackere Komiker Feichtinger, welcher
den Farbenreiber Muff gab, auf der Bühne erschien, und
jenes bekannte Kouplet begann, dessen Strophe »das
Vehmgericht existire noch jetzt, doch koste es dort nicht das
Leben, nein blos die Ehre« durch geraume Zeit das Lieb=
lingslied so vieler Wiener Kinder verblieb.

Und weshalb dies Erstaunen?

Weil ich den Souffleur im Parterre abgab, weil
ich jede kommende Strophe des Kouplet meinen Nach=
barn im Vorhinein zuflüsterte. Ich hatte ja dies Kouplet
schon ein paarmal von Moser gehört, und dasselbe,
Dank meinem damaligen jugendfrischen Gedächtnisse, auch
Vers um Vers auswendig behalten. Wie dies Lied in

Tolb's Zauberposse gerieth, gehört noch jetzt zu den
Dingen bei Lampenlicht, von denen sich gewöhnliche
Schulweisheit nichts träumen zu lassen pflegt. Moser
rächte sich später durch ein neues Kouplet, darin er das
Plagiat in derber Weise durch die Hechel zog.

Moser fand, wie gesagt, viele Nachfolger.

Keiner erreichte jedoch seinen Vorgänger.

Auch ist das Volkssängerthum mit Ausnahme eines
häßlichen Auswuchses, den ich herzlich gern mit geschrie=
bener Blausäure wegätzen möchte, so ziemlich innerhalb
der alten abgesteckten Grenzen verblieben. Neues Gebiet
ward nicht erobert. Gegenwärtig arbeitet man auch hier
so zu sagen durch die Schablone.

Die bedeutendsten Volkssänger in Wien nächst Mo=
ser sind dermalen Fürst und Kampf, dann die Sän=
gerfamilie Linbrunner, die gewöhnlich in den Sälen
des rührigen Gastgebers Schwender vor der Maria=
hilferlinie einzusprechen pflegt.

Es handelt sich jedoch hier keineswegs um Namen,
es gilt die Richtung zu brandmarken, welche die gewinn=
süchtigen Bänkelsänger der Gegenwart eingeschlagen.

Ich komme nämlich zu dem erwähnten Auswuchse.

Die Muse, welcher die meisten neuen Thespiskärr=
ner huldigen, ist dieselbe liederliche Weibsperson, die ge=
wöhnlich auch in den neuesten Possen auf den Vorstadt=
bühnen das große Wort zu führen liebt; nur fällt hier
der Theaterlack vollends brüchig herab, und es bleibt
nichts übrig als die schamlose Zote, barfuß von der gro=
ßen Zehe bis zum Scheitel, hiobsartig, Beule an Beule
zu schauen.

Und dennoch dieser Zudrang?!

Ja, die Kneipen sind meist so voll, daß man kaum eine Stecknadel zur Erde werfen könnte. Es ist traurig, daß es wahr ist, und es ist wahr, daß es traurig ist. Unsere Volkssänger scheinen ein geheimes Arkanum zu besitzen, unbesieglich anlockend, und doch giftig, krebsartig genug, um den verdorbenen Geschmack der großen Menge vollends zu ruiniren, um den Sinn für Sittlichkeit selbst schon für die nächste Generation auszuroden.

Alexander Dumas Vater rühmte sich bekanntlich einmal, gar manche tugendhafte Weiber durch seine obscönen Bilder lachen, und viele keusche Jungfrauen durch schlüpfrige Szenen weinen gemacht zu haben. Das mag wahr sein. Dumas hat aber auch manchen schönen, lesenswerthen Roman geschrieben. Die Wiener Volkssänger schreiben schlecht, erbärmlich schlecht, aber die oben erwähnte häßliche Kunst haben sie so gut im kleinen Finger wie jener lascive Franzose.

Bildung, Wissen sind spanische Dörfer für unsere Koupletschmiede, und doch behandeln sie den edelsten deutschen Dichter, einen Schiller, als eine Art Marsyas, schinden seine Göttergestalten, und entblöden sich nicht seine Jungfrau von Orleans als kecke Kebsdirne zu bezeichnen. Viele aus dieser Bande bänkelsängerischer Rowdies sind schamlos genug, Meisterwerke heimischer Poesie durch Randglossen zu verunstalten, die geradezu aus der Kloake der pöbelhaftesten Gemeinheit aufgefischt worden zu sein scheinen.

Es kommt noch schlimmer.

Kneipen und Schenken, darin unsere Volkssänger

schalten und walten, haben mitunter Aehnlichkeit mit
jenem berüchtigten „Hirschpark", der in der Vorzeit
Frankreichs als Gehege der Unzucht galt, nur daß hier
das Schamgefühl nicht zu Tode gehetzt, sondern zu Tode
gesungen wird. Ihr liebstes Hochwild ist jedoch die Ehe.
Da gibt es keinen Gatten, der nicht das Schicksal des
Uria erfahren, da findet sich zwar nie ein keuscher Josef,
aber an sündhaften Weibern wie Suleikha ist leider kein
Mangel zu verspüren.

Die sogenannten Adamiten waren religiöse Kom-
munisten im schlimmsten Sinn dieses Wortes, sie übten
nicht blos Gemeinschaft der Güter, nein, auch Gemeinschaft der Weiber. Man sagt ferner, daß der Böhme
Zizka, als er die Adamiten auszurotten befahl, den
Stammältesten dieser Sekte vor sich bringen ließ, um
Näheres über die Orgien dieses unsauberen Bundes zu
erfahren. Der Greis schritt auch zur Beichte, keine dritte
Seele belauschte sie, aber furchtbar mußte dies Kredo
sein, denn der wilde Feldherr selbst erzitterte wie Espenlaub. Unsere Bänkelsänger müssen durch Zufall einige
Bruchstücke dieser sündigen Lehre aufgefunden, aufgelesen
haben.

Sündenbock dieses Ritus scheinen, wie gesagt, die
Ehemänner zu sein.

Es gibt eine Menge liederlicher Lieder, in welchen
dieser Sündenbock noch obendrein lächerlich gemacht wird;
was aber der „Herr von Hecht" in dieser Hinsicht leistet,
das grenzt geradezu an die römische Mythologie, denn
nicht einmal Ovid hat in seinem dicken Buch „Verwand-

8 *

lungen« eine solche Unzahl von sündhaften, unsittlichen Bildern anzuhäufen gewußt.

Wohin soll das führen?

Was nützt es, wenn man von der Lehrkanzel tage= lang Keuschheit und Mäßigkeit predigt, wenn man jeden Abend fast in jeder zehnten Schenke den »verlornen Sohn«, nicht etwa zur Stunde, da er reuig heimkehrt, nein, zur Zeit, da er den verworfenen reichen Prasser spielte, als prachtvolles, glorreiches Musterbild der Nach= ahmung anpreisen hört?!

Armer Augustin, welch ein Nachwuchs!

# 16. Scholz im Olymp.

(Dramatischer Scherz von Ottfried und Levitschnigg.)

## Personen.

| | |
|---|---|
| Ferdinand Raimund, | Momus, Gott des Tadels. |
| Ignaz Schuster, | Ein ehemaliger Chorist des |
| Josef Korntheuer, | Karltheaters, |
| Direktor Carl, | Grazien. Bachantinnen, |
| Therese Krones, | Nymphen, |
| Wenzel Scholz, | Marqueure u. s. w. |

(Schauplatz der Handlung ist der Volksgarten im Olympe — die Baumstämme sind von Gold, die Aeste von Silber, die Zweige tragen Edelsteine als Früchte — statt schlechtem Kaffeh und halbzerflossenem Gefrornen wird Nektar und Ambrosia kredenzt — auch ist es zum Wohl und Heil aller „Wienmüden" verboten, Leierkästen spielen zu lassen.)

## Erste Szene.

### Raimund, Schuster, Korntheuer
(an einem runden Tische sitzend, Ambrosia verzehrend).

Raimund. Schlecht lebt man hier nicht, das läßt sich nicht läugnen, aber eine Tasse Gefrornes bei Dehne wäre mir doch lieber.

Schuster. Laß mich mit deiner ewigen Sehnsucht nach Wien ungeschoren. Die Wiener sind ein undankba res Volk, sie vergaßen schon lang, wie oft ich sie einst zum Lachen brachte.

Korntheuer. Nun dir, Bruder Raimund, ist es auch nicht besser ergangen, obgleich du sie nebstbei zu Thränen rührtest. Man gibt deine Stücke freilich noch, aber gespielt werden sie, daß es eine reine Schande ist. Und hätte nicht vor ein paar Jahren eine Hamburgerin an deinem Todestag einen Kranz auf dein Grab gelegt — —

Raimund. Ereifere dich nicht! du bist ohnehin ein Seitenstück »zum gelben Fieber«. Im Aerger aber gleichst du »einem Gimpel, der den Rothlauf« hat!
(Tumult hinter der Szene.)

Schuster. Was ist denn los? Seit dem Pfeifen im Leopoldstädter Theater in Jaroschinsky's letzten Tagen hörte ich keinen solchen Lärm.

### Zweite Szene.

#### Vorige, Krones, Momus.
(Krones im Kostüme der »Jugend«.)

Krones. Da kommen Sie her, Sie impertinenter Schlingel, Sie! Wie konnten Sie mich in Ihrer schäbigen Zeitung »der Styx« als »Ariadne auf Naxos« so schmählich herunterreißen und noch obendrein Anspielungen auf meinen irdischen Lebenswandel wagen?! O ich weiß, woher das kommt! Das sind Intriguen. Lassen Sie mich aus mit Ihren saubern Göttinnen! Die Venus hat, so alt sie ist, mehr Liebhaber als falsche Zähne. Und das will viel sagen! Minerva steht im Briefwechsel mit dem Direktor Carl, und Frau Diana ist auch keine Feindin von Schäferstunden. Was kann ich dafür, daß Herr von Endymion, der einst ein kothiger Hirt war, und, man weiß nicht warum, in den olympischen Abelsstand erhoben ward, mir auf jeden Schritt und Tritt nachläuft?! Warum spielen denn Ihre verschrumpften Göttinnen nicht selbst? Tadeln ist leicht, aber die Losung lautet: »Besser machen, besser machen!«

Momus. Himmlische Therese! Es geschah einzig des Endymion wegen, das heißt, aus purer Eifersucht!

Krones. Eifersucht? Nun, Sie könnten mir gestohlen werden! Sie Vogelscheuche, Sie Perrückenstock aus Olims Tagen! Verschwinde, schöner Geist! (Singt.)

Geld kann Vieles auf der Welt,
Jugend kauft man nicht um Geld!　　　 (Ab.)

Momus. Aber hören Sie doch! (eilt ihr nach.)

Schuster. Das Weibsbild hat den Teufel im Leibe!

Korntheuer. Wenn ich einmal heirathe, heirathe ich keine Andere, aber die auch nicht!

Raimund. Es ist was Eigenes um die Frauen! Trage Eine von Peking nach Paris auf den Armen, und lasse sie dort aus Zufall unsanft nieder, und sie sagt gewiß nicht: »Ich danke Ihnen,« sondern einfach: »Bin ich Ihnen schon zu schwer geworden?«

(Neuer Tumult hinter der Szene.)

Direktor Carl (kommt hastig). Sapperment, Sapperment! Der Scholz ist todt, der Scholz ist hier! Wenn ich nur etwas davon hätte!

Raimund. Auf, ihm entgegen! (Alle erheben sich.)

### Dritte Szene.

### Vorige, Krones, Scholz, Gefolge.

#### Chor.

Sei uns willkommen, Wenzeslaus,
Du warst Olympier, Aechter.
Als du erregt im Schauspielhaus
Unsterbliches Gelächter!

Scholz. »Das ist klassisch!« Auch da oben sind
sie so »balkert« wie unten, und fangen jeden Akt mit
einem blitzdummen Chor an. Doch was sehe ich! Da
ist ja der trübselige Valentin, die bucklige Primadonna
aus Krähwinkel, der Tanzmeister Paurl, der langbeinige
Herr »Gisperl und Fisperl«, und »die Jungfrau von
Orleans« aus dem Leopoldstädter Theater! »Schamen's
Ihnen!«

Krones. Keine Anzüglichkeiten, wenn ich bitten
darf! Sage mir lieber, wer spielt denn jetzt statt mir in
der Leopoldstadt?

Scholz. Fräulein Zöllner! »Das ist ein ganz
anderes Verhältniß!«

Krones. Ist sie hübsch?

Scholz. Bildsauber! Ich wollte, sie wäre Zöllner
an einem Mauthschranken, wo jedes Loth geschwärzte
Waare mit einem »Busserl« abgestraft wird. Ich würde
trotz meinen hohen Jahren noch ein Schmuggler.

Krones (pikirt). Einfaltspinsel! (Verliert sich in die
Menge.)

Scholz. Servus, Herr Direktor Carl! „Unter=
schied der Stände muß sein." Spielt man hier Whist?

Carl. Den Fisch zu einem Dukaten.

Scholz. Da bin ich dabei! Jetzt aber, Herr Di=
rektor, wo „die Bande des Schauspielerverbandes zer=
rissen sind", „jetzt nur keine Schmußerei", nein, spielen
Sie die Herzdame aus, so oft ich es verlange, oder „ich
vergesse meine noble Erziehung", und —

Raimund. Genug der Spassetteln! Wie sieht es
in Wien aus?

Scholz. Nun, Wien liegt noch immer am Kahlen=
berg, aber Wiener von altem Schrot und Korn sind nicht
mehr viel darin.

Schuster. Alle Wetter!

Scholz. Ja, die Wiener Gemüthlichkeit ist ausge=
wandert. Man geht herum bis an den Hals zugeknöpft.
Gibt es doch zu viele Leute, die sich auf das „carpentie=
ren" verstehen!

Carl. Carpentieren? Was ist das?

Scholz. Die Kunst, einem zwei, drei Millionen
aus der Kasse so geschickt zu stehlen, daß er es erst nach
fünf Jahren bemerkt, wenn man nach Amerika kutschirt,
und ihn schriftlich davon benachrichtigt. Ein gewisser
Musje Carpentier in Paris hat diese Kunst erfunden.
Der Mann fand in Wien viele Nachahmer.

Korntheuer. Sind denn die Leute so einfältig
geworden?

Scholz. So ziemlich! Sie sehen den Wald vor
lauter Bäumen nicht. So sprechen sie in einem fort von
der Wohnungsnoth, und behaupten, daß nirgends ein

Quartier leer steht. Das ist erlogen! Man braucht Vor=
mittags blos in die Renngasse, in die Nähe der Börse
zu gehen, dort sieht man jede Stunde Einen — aus=
ziehen. »O Menschengeschlecht!«

Schuster. Erzähle uns lieber vom Theater!

Scholz. Habt Ihr denn keine Zeitungen? »Das ist
klassisch!«

Raimund. Sie sind uns vom Doktor verboten
worden. Er sagt, viel Wissen macht Kopfweh.

Carl. Wie treibt man's in meinem Theater?

Scholz. Klassisch! Das Theater ist noch so groß
wie früher, aber die »Stück«, die gegeben werden, sind
so klein, daß man viere braucht, um den Abend auszu=
füllen. Ihr könnt dort Alles hören, französisch, englisch,
italienisch, berlinerisch; spanisch wird auch getanzt, aber
wienerisch wird selten mehr »'geredt«!

Schuster. Sie brauchten halt wieder einen »Freund
in der Noth«, der das Theater aus der Klemme befreite.

Carl. Ja schreibt denn der Johann nicht mehr?

Scholz. Wenn der Theatersekretär nicht will, so
wird ja das »Stück« gar nicht aufgeführt.

Schuster. Sei froh, Wenzel, daß du zu uns herauf=
gekommen bist!

Scholz. Mir ist es recht! Wenn ich aber nur auch
meine Wiener hier oben hätte! Wenn ich denke, was ich
für eine Galle bekam, wenn ich zu meinem Benefice mir
selbst ein Stück geschrieben habe, was kaum zwei Gro=
schen werth war, wenn auch ein Guldenzettel sein Titel=
blatt gewesen wäre, sie haben mich dann fürchterlich
ausgepfiffen; wenn ich aber aus Schrecken in Ohnmacht

gefallen bin, was haben die Wiener gethan — »g'lacht haben's«!

Carl. Was ist es denn mit meinem Friedrich Kaiser, der mir noch einen Prozeß schuldig ist? Schreibt er fleißig?

Scholz. Ach ja, er rankt sich um wirkliche Dichter wie der Efeu um die Bäume.

Raimund. Wie steht es mit der Poesie überhaupt?

Scholz. Mit der steht es gar nicht mehr! Sie fällt gewöhnlich in Ohnmacht, wenn sie gewisse Wiener Vorstadtdichter erblickt.

Raimund. Macht man denn keine Gedichte mehr.

Scholz. Was fällt dir ein! Wer jetzt ein Gedicht macht, den schickt man als Lenau den Zweiten zum Herrn Görgen in Döbling. Doch plagt mich nicht so mit Fragen um Sachen, um die in Wien Niemand mehr fragt. Muß ich aber durchaus Rapport abstatten, so will ich ihn nach meiner alten Gewohnheit als Kouplet vortragen.

Korntheuer. Beginne immerhin!

Scholz (singt).

Auf mancher Bühne, falls man glaubt
Boshaftem Stadtgerüchte,
Steht zwar der Baum der Kunst belaubt,
Doch trägt er keine Früchte.

Birch-Pfeiffer, dieses alte Haus
Und Fräulein Tantième,
Sie schmücken sich, o Schmach und Graus,
Mit Schiller's Diademe!

Die Poesie verlor ihr Jus
Des Kassabuches willen,
Tief stehen sie und Pegasus,
Doch hoch im Werth die — Grillen!

Oho, so so — Roccoco,
I kann's halt nit ändern,
Es ist halt a so!

Im Opernhaus pflegt Jahr für Jahr
Sich Unkraut einzunisten;
Was nützt die beste Sängerschaar
Bei schlechten Komponisten?

Da frommt kein Tadel, hilft kein Gram.
Die Kritik zankt sich heiser;
Trotz »Heimkehr der Verbannten« kam
Sehr spät erst der »Tannhäuser«!

Auch das Ballet krankt, arm au Werth,
An Frost und Ennuyiren,
So schön auch Fräulein Couqui lehrt
Die Kunst — zu transpiriren!

Oho, so, so — Roccoco u. s. w.

Am Wienfluß wird das Alter hoch
Geehrt, man trägt Belieben
Nach Stücken, die als Knabe noch
Methusalem geschrieben.

Und wird zuweilen aufgetischt
Doch eine neue Posse,
So ward der Witz hiezu gefischt
Gewiß aus einer Gosse.

Und fühlt sich dann ein frommer Christ
Unwohl vom Duft der Zoten,
Wird ihm Neu-Yorker Pferdemist
Anstatt Parfum geboten.

Oho, so, so — Roccoco u. s. w.

Als Herr thront in der Josefstadt
Im Stammhaus der Pokorny,
Ein Hofmann, der Manieren hat
So fein wie kaum Graf Morny.

Doch ist ihm nicht die Muse hold,
Sie nennt es wirr und dämisch,
Sieht dort man, wo geherrscht einst Told,
Fast täglich spielen — — böhmisch.

Ihr geht es schlimm wie Zelia
Am Tag der Rosenfeier,
Man hat sie längst bestohlen ja
Um ihren »Zauberschleier«!

Oho, so, so — Roccoco u. s. w.

Das Schauspielhaus am Donaustrand
Trägt Geld, doch als Gespenster
Blickt Zote wie Pariser Tand
Auch hier aus jedem Fenster.

Die Menge muß sich — Thor bleibt Thor —
Mit Disteln dort begnügen,
Und Witz und Laune, wie Humor
Liegt in den letzten Zügen.

Auch pflegt man, wenn der Zuspruch fehlt,
Um Schaulust neu zu wecken,
Kein »Mädchen aus der Feenwelt«
In Uniform zu stecken!

Oho, so, so, — Roccoco,
I kann's halt nit ändern
Es is halt a so!

Raimund. Das ist ja rein zum Teufelholen.

Schuster. Leicht gesagt, doch schwer gethan! Die klügsten Leute fragen ja schon lang: »Wo steckt denn der Teufel?« und finden keine befriedigende Antwort.

(Ein ehemaliger Chorist des Karltheaters tritt hastig hervor.)

Chorist. Erlauben Sie, meine Herren, der Teu=fel steckt in meiner Hosentasche!

Scholz. (Durchsucht ihn.) Da muß ich doch nach=sehen! Es ist ja »nir« darin?!

Chorist. Das ist eben der Teufel!

Carl. (Kleinlaut.) Wenn ich nur etwas davon hätte!

Scholz. »Schamen's Ihnen!« Genug der Worte! Musik will ich hören! Sind denn der Strauß und der Lanner nicht hier?

Korntheuer. Der Lanner spielt heute bei dem Festball, den Frau Juno zu Ehren deiner Ankunft ver=anstaltet hat. Der Strauß aber birigirt hier. Gerade greift er nach der Violine!

(Man hört hinter der Scene die »Lorleiklänge«.)

Scholz (hüpft vor Freude). Juchhei! Mir ist, als wäre ich noch in Altwien.

Chorist. Sie sind mir auf die Hühneraugen ge=
treten!

Scholz. Woher vermuthen Sie das?

(Allgemeines Gelächter.)

Der Vorhang fällt.

———  —— —— —

## 17. Der nordische Herkules und Wiener Fiaker.

In der Zeit, als die Dampfrosse Fulton's noch auf keinem österreichischen Schienenwege dahinbrausten, gab es nur zweierlei Gelegenheiten oder Fuhrwerke, um im Sommer von Wien nach dem beliebten Kurorte Baden zu gelangen. Die eine Gattung waren die sogenannten Badener Gesellschaftswägen. Man begab sich in das Gasthaus »zum Erzherzog Karl« in der Kärnthnerstraße, in welchem jedoch damals nur das erste Stockwerk als Hotel diente, und bestieg daselbst einen schwerfälligen Rumpelkasten für vier oder sechs Personen, dessen Gäule später in einem schwerfälligen Trabe durch das Staub=meer der Heerstraße nach dem Badeorte hinauskeuchten.

Die Fahrt währte oft über vier Stunden, auch er=lebte man zuweilen die Schmach, von einem jener Zei=selwägen überholt zu werden, die vor der Matzleinsdor=fer Linie standen, und einem wandelnden Brotkorbe oder einem mobilen Zelte glichen.

Schneller gelangte man in einem Lohnwagen nach Baden. Die Fiaker begehrten aber zu jener Zeit bei be=kannten Kunden fünfzehn bis achtzehn Gulden an Wo=chentagen für die Fahrt hin und zurück, ein Preis, der sich jedoch an Sonntagen bis auf zwanzig, ja auf drei=

ßig Gulden steigerte. Damals wurde noch Alles in Wiener Währung berechnet. Fremde Fahrlustige, namentlich
Ausländer, mußten natürlich noch mehr »blechen« oder
»schwitzen«. Dafür fuhr man aber auch längstens in zwei
Stunden nach dem Kurorte.

Gab es in Baden ein größeres Fest zu feiern, so
glich die Heerstraße dem Miniaturbilde einer Völkerwanderung, nur schien die gesammte wandernde Generation
aus Müllerleuten zu bestehen, denn der fürchterliche
Staub duldete hinsichtlich der Bekleidung einzig die Farbe
des Mehles. Man glaubte mitunter ersticken zu müssen.

In Baden herrschte dann ein sehr reges Leben.

Es war meist sehr schwer in den dortigen Gasthöfen
ein Unterkommen zu finden; denn fiel das Fest, wie gewöhnlich, auf einen Samstag, so blieb man über Nacht
in Baden, und kehrte erst Sonntag Abends nach der
Residenz zurück. Bei der Masse Equipagen und Lohn-
kutschen, die in Folge dieses Umstandes gleichfalls über
Nacht im Badeorte verblieben, mußte dann die Einfahrt
oder das Portale der Gasthöfe als Nachtquartier für die
Unzahl Kutscher und Rossetummler herhalten; namentlich war dies in dem Gasthofe »zum Hirschen« der Fall,
und bildete die Einfahrt dieses Wirthshauses ein wahr-
haftes Heerlager der lustigen

## Wiener Fiakerwelt.

Wehe dem, der sich an einem solchen Abend verspätete!

Der Witz des Wiener Fiakers ist zwar harmloser
Natur, doch pflegt er mitunter — obwohl mehr »Gspaß«

als Satyre — den Nagel sehr derb auf den Kopf zu treffen. Uebrigens wissen die Wiener Fiaker gewissenhaft zu beherzigen, welche Persönlichkeit sie mit ihren gesprochenen Geißelhieben zu regaliren gedenken; echte Noblesse und wirklicher Reichthum werden mit höflich gezogenen Hüten begrüßt, vergoldetes Großthun — »Aufhauen« genannt — wie zweideutiger Ruf laufen jedoch Gefahr in sehr verständlichen Kraftausdrücken durch die Hechel gezogen zu werden.

Hier kennen die Fiaker keine Schonung.

Doch beginnen wir unsere Geschichte!

Es war im Sommer des Jahres 18.., als die Heerstraße von Wien nach Baden an einem Samstag Nachmittags abermals einem Miniaturbilde der Völkerwanderung zu gleichen schien. Man hatte im städtischen Theater des Kurortes eine Vorstellung zu Gunsten eines wohlthätigen Institutes veranstaltet, bei welcher mehrere Gäste von hohem Rufe mitzuwirken versprachen.

Am Sonntag darauf war in der Nachbarschaft Kirchweihfest.

Es war sohin ein doppelter Magnet vorhanden.

Auch wies damals in Baden ein gewaltiger Athlet seine haarsträubenden Künste; der riesige Mann verstand sich zudem wie später Barnum, der König der Schwindler, auf die Schliche der Reclame, und hatte sich deshalb auf der Affiche in prahlerischer Weise als »nordischer Herkules« angekündigt.

Der Sonntag sollte sohin die Schaulust reichlich befriedigen.

Baden wimmelte daher von Gästen.

Der Abend kam, das Theater ging zu Ende, und die Stunde der früher erwähnten gesprochenen Geißel= hiebe hatte begonnen. Mehr als zwanzig Fiaker standen mit brennenden Tabakspfeifen in der Einfahrt des Gast= hofes »zum Hirschen«, dem Hausknecht zurufend, doch endlich ihr Nachtlager zu bereiten, das in einem Bund Stroh für jeden Schläfer zu bestehen pflegte. Das Thor war aber noch nicht geschlossen worden, da man die Heimkehr mehrerer Passagiere erwartete.

Der Unmuth der Rossetummler wuchs mit jeder Minute.

Unmuth pflegt den Witz zwar zu schärfen, aber keineswegs zu glätten. Viele Vorübergehende wurden deshalb mit Komplimenten überhäuft, die in keiner ge= druckten Anleitung zur feinen Lebensart standen. Am schlimmsten kamen die sogenannten »Gschwufen« oder armen Stutzer weg, die, wie sich ein Fiaker derb aus= drückte, in der Woche vierzehn Halskrägen, und nur ein Hemb in die Wäsche zu geben vermochten.

Noch schlimmer erging es einem galanten Fräulein.

Dieses Fräulein war eine der berühmtesten Loret= ten, wohnte in der Rothenthurmstraße, und hatte den Spitznamen »la belle Henriette« erhalten. »Die schöne Henriette« verdiente ihr Prädikat jedoch nur in so fern, als sich dieselbe einer sehr reizenden schlanken Gestalt er= freute. Ihre Gesichtsfarbe wies jedoch südliches, fast bräunliches Kolorit. Das Fräulein stand in jener Zeit im Zenith ihres Glanzes, und das Buch, darin sie die Namen ihrer Anbeter zu verzeichnen pflegte, hatte bereits ein stattliches Volumen erreicht. Alle Stände waren

darin vertreten; es fehlte nicht einmal an einer Kö=
nigskrone, die später freilich zu dem Schmuck in par-
tibus infidelium zählen sollte.

Henriette war kein Liebling der Rossetummler.

Der Wiener Fiaker hat ja im Durchschnitt regen
Sinn für häusliches Glück und hält streng auf Zucht
und Ehre an seinem eigenen häuslichen Herde. Er ist
daher kein Freund der Bayaderengilde. Auch wußte man
damals von der schönen Henriette, ihre gegenwärtige
»Parti:« sei eben Niemand Anderer als der erwähnte
prahlhänsige Athlet, nordischer Herkules geheißen.

Dieser Koloß war ferner aus Gründen, die wir später hören werden, gleichfalls kein Günstling der Fiaker.
Als daher la belle Henriette, die in dem Gasthofe »zum
Hirschen« abgestiegen war, spät am Abend heimkehrte,
rief ihr ein lustiger rothbäckiger Fiakerknecht schon von
weitem entgegen:

»Fahr'n mer, Mamsell Fraukules?!«

Die Vorübergehenden brachen in ein schallendes
Gelächter aus, und die Lorette eilte, im Antlitze roth
wie Purpur, wie eine gescheuchte Taube nach der retten-
den Treppe' im Gasthause. Zu ihrem Glücke zog eine
neue Erscheinung die Aufmerksamkeit der ungalanten,
spottsüchtigen Fiaker auf sich.

Der neue Ankömmling war Herr von Vogelhuber.

Dieser junge Mann, später bekanntlich selbst eine
originelle Notabilität in der Wiener Fiakerzunft, galt
schon damals als der Typus der Sorglosigkeit, den man
mit den Worten »Wiener Früchtl« zu kennzeichnen liebt,

und seine Bravour im Sattel wie auf dem Bocke des Kutschirwagens hatten ihm in kurzer Zeit zu einer gewissen Berühmtheit unter den »numerirten Schnellseglern« verholfen. Hiezu kam noch sein vertrauliches Benehmen gegen die Roßtummler, ja seine Vorliebe für Alles, was nach dem Stalle roch. Die Fiaker waren stolz darauf, daß ein »Herr von«, der Sohn eines Advokaten und Hausbesitzers, ein ehemaliger Reiterkadet, sich herabließ, an ihrem Zechtisch als Bruder im Spiele Platz zu nehmen, und einen Becher Wein auf du und du zu leeren.

Vogelhuber ward daher mit großem Jubel empfangen.

»Kinder,« sprach er, »wollt Ihr mir einen Gefallen erweisen?«

»Ja, mit Vergnügen, bin dabei!«

So erscholl es von mehr als zwanzig Lippen.

»Bindet mir zu Liebe,« fuhr Vogelhuber fort, »mit dem nordischen Herkules an. Der Kerl ist ein frecher Besen, und gibt sich ein Ansehen, als ob er den ganzen Stefansthurm zu verschlucken vermöge.«

»Soll geschehen!« rief ein Fiaker.

»Wollen seinen Frack ausklopfen,« meinte ein Anderer, »versteht sich, so lange er ihn noch am Leibe hat!«

»Raufen wollen wir,« sprach ein Dritter, ein Glatzkopf, »daß die Haare nicht blos in der Nachbarschaft, sondern selbst drüben im Helenenthal herumfliegen sollen!«

»Schlaukopf!« versetzte Vogelhuber.

Nach diesen Worten warf er ein paar Zwanziger in die Einfahrt. Dann eilte er in sein Gemach hinauf.

Gleich darauf wurde das Thor des Gasthofes geschlossen, auch wäre nunmehr zweifelsohne die Stille der Nacht eingetreten, hätte es nicht ein seltsames Geräusch gegeben, das aus einer gewaltigen Sägemühle zu kommen schien. In Wahrheit entstand es durch das furchtbare Schnarchen sämmtlicher in der Einfahrt schlummernden Wiener Fiaker.

Es ging auf die zwölfte Stunde.

Der Mond warf freundlich sein silbernes Licht auf die schlafversunkene Erde hernieder, nicht ahnend, daß er bald Zeuge eines Kampfes sein werde, wie ihn die griechischen und trojanischen Rossetummler und Wagenlenker nicht grimmiger vor dem skäischen Thore von Ilion ausgefochten.

Der nordische Herkules kehrte von einem Zechgelage heim, bei dem er dem rothen Vöslauer Wein mehr als billig zugesprochen. Er befand sich daher in einer ziemlich aufgeregten Stimmung. Der Riese gehörte ferner, wie bereits erwähnt, keineswegs zu den Günstlingen der Wiener Fiakerzunft. Er hatte nämlich seinen Vorgänger in Wien, den Franzosen Lebesnier, noch zu übertreffen gewußt, der bekanntlich zwei Sesselträger dadurch narrte, daß er einen Mühlstein im Gewichte eines Zentners unter jeden Arm nahm, den Mantel umwarf, einstieg, und so den armen Leuten eine Last zu tragen gab, bei der ihre Kräfte nicht ausreichten.

Der nordische Koloß überbot Lebesnier durch ein größeres Kraftstück, indem er in der Gasse nach St. Ulrich einen Fiaker trotz alles Peitschens der armen Pferde dadurch am Weiterfahren hinderte, daß er sich mit der einen Hand hinten am Wagengestelle, mit der andern aber an einem Kettengriffe an der Ecke des Gebäudes festhielt, darin in jener Zeit die schmucke adelige ungarische Garde im Quartier lag.

Diese Schmach konnten ihm die Fiaker nicht vergeben.

Als er daher die Glocke zog, durfte der Hausknecht nicht öffnen. Der nordische Herkules donnerte nun so gewaltig mit den Fäusten und Füßen an das Thor, daß dasselbe in Trümmer zu gehen drohte.

»Wer ist draußben,« rief endlich ein Fiaker, »der Krampus oder der Wauwau?«

»Der nordische Herkules!«

»O'spaßmacher bei der Leich'!«

»Macht auf, oder es soll euch schlimm ergehen!«

»Aber deswegen lassen wir noch keine Traurigkeit g'spüren!«

»Ich schlage euch Arme und Beine entzwei!«

»Nun, mit dir werden wir auch noch abfahren!«

Höllisches Gelächter! Fortwährendes Toben des Riesen! Endlich flog das Thor auf. Der Goliath fuhr wie ein Rasender auf die Spötter los. Drei bis vier Fiaker taumelten freilich zu Boden, aber dann — — ja dann —·—!

Am nächsten Morgen stand auf dem Theaterzettel zu lesen:

»Wegen Unwohlsein des nordischen Herkules kann die für heute angekündigte Produktion nicht stattfinden.«

Wiener Fiaker sind handfeste Leute!

———

# 18. Therese Krones und die Prinzessin vom Tandelmarkt.

In Wien lebte vor Jahren eine Dame, welche in der Türkei zweifelsohne mehr Glück gemacht haben dürfte. als hier bei uns im Abendlande. Man gab ihr gewöhnlich den Spitznamen: die Prinzessin vom Tandelmarkt, weil sie zwar Glanz und Pracht liebte, bei der Entfaltung beider Neigungen aber in einer Art zu Werke ging, welche sich zu dem wirklichen Adel und Reichthum gerade so verhält, wie neue kostbare Gewande zu den abgetragenen, verblichenen Kleidern in einer Tröblerbude. Wir wollen sie Karline nennen, obgleich ihr Taufname eigentlich anders lautete. Rücksichten erheischen jedoch eine Art Incognito.

Karline war eigentlich ein gutmüthiges heiteres Geschöpf.

Das ließ sich nicht läugnen.

Ihr Unglück war ihr angeborner Hang zu Putz und Tand, ihre Neigung zu müßigem Leben gewesen. Als Kind armer Eltern sah sie sich in der Blüthe ihrer Jugend außer Stand, nach dem Gebote der Mode einherzustol-

ziren, die Arbeit widerte sie an, und so gerieth sie allmälig an den Rand des Verderbens.

Karline zählte nicht länger zu ehrbaren Leuten.

Ihr Schicksal läßt sich leicht errathen, man braucht
nur in Hogarth's herrlichen Kupferstichen „der Weg einer
Buhlerin" in sechs Blättern nachzusehen. In der Zeit,
da unsere Geschichte spielt, hatte übrigens Karline erst
die Hälfte ihrer gefährlichen Laufbahn zurückgelegt. Das
Gold, das sie früher verdient hatte, war demungeachtet
trotz seiner namhaften Schwere bereits in Gestalt von
Silberlingen nach allen Strichen der Windrose gewandert. Kein Nabob, kein Krösus, und sei es auch nur in
Taschenformat, wollte sich melden, die Gläubiger drängten mehr und mehr, und die bewegliche Habe reichte nicht
hin, um alle Ansprüche zu befriedigen.

So wollte man sich denn ihrer Person versichern.

Karline wußte jedoch zum Glücke, daß einer der
hartherzigsten Gläubiger sie wirklich in das Schuldengefängniß zu senden gedenke. Der Haftbefehl befand sich
bereits in den Händen eines Gerichtsdieners, und es
stand zu fürchten, daß dieser Vollstrecker des Gesetzes jetzt
und jetzt die Klingel an der Hausthür ziehen, und den
Träumen von Glanz und Reichthum ein nur zu garsti-
ges, gleichzeitig sehr lächerliches Ende machen könne.

Karline wußte sich nicht zu rathen, noch zu helfen.

Sie stand, sie ging, sie saß, sie lag auf Nadeln!

Was half die schwarze Sorge, was nützte die tödt-
liche Angst? Der gefürchtete Besuch blieb nicht aus. Bei
dem ersten Erscheinen ließ sich der Gerichtsdiener zwar
durch die unbefangene Versicherung der Zofe abweisen,

Fräulein Karline sei gegenwärtig nicht zu Hause; ein
zweites Mal mußte die Prinzessin vom Tandelmarkte
durch eine Hinterthür zu entwischen; endlich blieb ihr
aber nichts mehr übrig, als ihr Quartier wirklich für
einige Tage zu räumen, und bei dieser oder jener Freundin ein momentanes Unterkommen zu suchen. Oft mußte
sie sich für ein paar Stunden zu wildfremden Leuten
flüchten, und das hochkomische Lustspiel »nach Sonnen-
untergang«, das man später im Burgtheater so köstlich
spielte, ging in Wien schon damals zwar nicht auf der
Bühne, aber denn doch im wirklichen Leben in die Szene.

Der hartnäckige Gläubiger ärgerte sich gewaltig.

Schließlich schritt er jedoch zu dem Mittel, das er
gleich anfangs hätte ergreifen sollen. Er bestach die Zofe
seiner Schuldnerin. So erfuhr er denn eines Tages, daß
Fräulein Karline heute Abend das Leopoldstädter Theater besuchen werde, und am Eingang desselben bei einiger Umsicht ohne Schwierigkeit verhaftet werden könne.

Das war ein verläßlicher Fingerzeig.

Der Gläubiger und sein Geleite säumten auch nicht,
gegen sieben Uhr Abends nach der Leopoldstadt zu eilen.
Ihre Hoffnung, die Verhaftung noch vor der Vorstellung
zu bewerkstelligen, wurde jedoch zu Wasser.

Man kann sich irren!

Dies geschah auch hier.

Karline war nämlich mit mehreren Schauspiele-
rinnen der Leopoldstädter Bühne befreundet. Diesen Gön-
nerinnen verdankte sie einen Platz in der Theaterloge, zu
der sie durch das zweite Thor und zwar vom Theater aus gelangte.

Der Gläubiger wollte vor Ingrimm vergehen.

Am Schlusse der Vorstellung konnte jedoch das obige Kunststück nicht wiederholt werden, da der zornige Mann noch ein paar Späher aufstellte und Fräulein Karline mit einer Blokade mitten im Frieden bedrohte.

Man gab »das Mädchen aus der Feenwelt«.

Diese Dichtung des unvergeßlichen Ferdinand Raimund war zwar seit langem zur ersten Aufführung gekommen, lockte aber noch immer eine große Anzahl Schaulustiger nach dem Leopoldstädter Theater. Das gesammte Publikum brannte vor Ungeduld und zwar nach der Szene, worin die verführerische Therese Krones als »Jugend« bekanntlich so große Triumphe feierte. Er war kurz vor dem Tage, da sie ihr »Brüderlein fein« vor einem Mörder singen sollte, und Niemand ahnte damals im Parterre, jener finstere Mann, Jaroschinsky geheißen, der seinen Operngucker so unverwandt nach der reizenden Erscheinung auf der Bühne richtete, werde seine Hände in wenigen Wochen mit dem Blute seines greisen Lehrers besudeln.

Therese Krones verließ unter donnerndem Beifall die Bühne.

Der Lärm wollte nicht enden.

Die ganze Szene mußte wiederholt werden.

Die »Jugend« erscheint bekanntlich in diesem Stücke nur einmal. Ein großer Theil des männlichen Publikums pflegte daher gleich bei dem Auftreten des Schauspielers Korntheuer als »hohes Alter« das Parterre zu verlassen, um an der Hinterpforte des Theaters Therese Krones in den Wagen steigen und nach Hause fahren zu sehen.

Auch stand man noch im Spätsommer.

An jenem Abend mußten jedoch die Verehrer der »Jugend« sich länger als gewöhnlich gedulden. Die trefflliche Lokalsängerin schien sich in der Garderobe verplaudert zu haben. Viele jener Verehrer verließen daher, des längern Wartens überdrüssig, ihren Standplatz am Hinterthore, hastig in das Parterre zurückkehrend.

Endlich erschien Therese Krones.

Sie trug zwar noch ihr bekanntes hübsches Kostüme als »Jugend«, hatte aber des regnerischen Abends willen einen leichten Mantel umgeworfen, und die Kapuze desselben tief in das Gesicht gezogen.

Ein Jubelruf erschallte.

Die Lokalsängerin dankte, flüchtig mit dem Kopfe nickend, stieg hastig in den Wagen, und verschwand bald aus den Blicken ihrer Verehrer.

Ein leichtes Kichern tönte aus der Kutsche.

Im Moment der Abfahrt erschien Karlinen's Gläubiger.

Er zog ein sehr verdrießliches Gesicht.

Fräulein Karline war bereits seit Längerem aus der Theaterloge verschwunden, vermuthlich um sich auf die Bühne zu begeben. Ihr Gläubiger eilte daher gleichfalls aus dem Theater, um seine an verschiedenen Zugängen lauernden Späher zu strenger Wachsamkeit zu ermahnen. Keiner dieser Kundschafter hatte jedoch die Schuldnerin zu Gesichte bekommen, kein Frauenzimmer verließ das Theatergebäude, das ihr gleich sah, und selbst der Späher an der Hinterpforte meldete einfach, Niemand als Therese Krones sei in den eben hinwegfahrenden Wagen gestiegen.

Es hieß bis zum Schluß der Vorstellung aus= harren.

Der Gläubiger wollte bereits selbst in das Parterre zurückkehren, stieß aber dabei auf ein weibliches Wesen in gewöhnlicher Kleidung, dessen Anblick dem getäusch= ten Manne einen Schrei schreckhafter Ueberraschung ent= lockte.

Dies weibliche Wesen war — Therese Krones.

Der Gläubiger errieth augenblicklich den wahren Sachverhalt. Er warf sich daher in die Lohnkutsche, die zur Verhaftung der Prinzessin vom Tandelmarkt bereit stand, und befahl dem Fiaker mit einer wahren Stentor= stimme, dem Theaterwagen im schärfsten Trabe zu folgen.

Er irrte sich nicht.

Man hatte ihm einen abscheulichen Streich ge= spielt.

Es war zum Rasendwerden.

Fräulein Karline hatte den gefürchteten Mann im Parterre erblickt, errieth auch augenblicklich, daß sie von ihrer Zofe verrathen worden sei. Ihre Lage war peinvoll. Zum Unglück des Gläubigers zählte jedoch die mehr= erwähnte talentvolle, doch leichtfertige Lokalsängerin zu den Freundinnen seiner Schuldnerin, es fiel daher der Letzteren nicht schwer im Theaterkostüme der Letzteren dem Vertreter des Schuldenarrestes zu entgehen.

Therese Krones liebte bekanntlich komische Abenteuer.

Leider verließ sie das Theater früher, als es für das

Entweichen ihrer Freundin heilsam sein mochte. Der Fia=
ker überholte den Theaterwagen in wenigen Minuten,
zumal der Letztere nach einer Seitengasse links einbog
und in der Mitte derselben im Schritte zu fahren begann.
Der Gläubiger sprang aus dem Fiaker und stürmte zor=
nig an den Wagenschlag des vorderen Fuhrwerkes.

Neue, noch grimmigere Enttäuschung!

Der Theaterwagen war leer.

Fräulein Karline hatte durch das kleine Fenster=
lein am Rücksitze den Verfolger wahrgenommen, und da=
her dem Kutscher die Weisung ertheilt, in die erwähnte
Seitengasse einzubiegen. Dort war sie, ehe der Fiaker um
die Ecke fuhr, hastig aus dem Wagen gesprungen, und
durch ein bekanntes Durchhaus einstweilen der weiteren
Verfolgung entgangen.

Ihre Lage blieb demungeachtet verzweiflungsvoll.

Es war, wie gesagt, ein trüber Abend, auch begann
der Regen, der bisher leise vom Himmel sickerte, immer
dichter und gewaltiger zur Erde zu fallen. Karline lief
ferner Gefahr, auf ihrem ziellosen Wandergange den Voll=
streckern des Gesetzes in die Hände zu fallen. Nie befand
sich noch „die Jugend“ in einer ärgeren Klemme. Hiezu
kam noch der Fluch des Lächerlichen. Im Theaterkostüme
verhaftet werden, das hieß dem Gespötte von ganz Wien
für alle künftige Lebensdauer ausgesetzt bleiben.

Fräulein Karline entwarf daher einen neuen
Fluchtplan.

Es war ein strategisches Meisterstück.

Die Prinzessin vom Tandelmarkt beschloß wie Dem=
binski in seiner berühmten Kampagne in Litthauen vor=

zubringen, statt zu fliehen. Sie suchte daher, statt nach der Stadt, nach dem Prater zu gelangen, und daselbst in einem damals etwas verrufenen Wirthshause ein zeitweiliges Unterkommen zu finden. Auch wußte sie, der reiche junge Herr von Vogelhuber, unseren Lesern bereits bekannt, sei eines schönen Schenkmädchens willen ein täglicher Gast in jener Kneipe. Karline kannte ihn persönlich. Er war der Mann, sie aus den Klauen ihres Verfolgers zu befreien.

Karline gelangte auch wirklich in den Prater.

Auch befand sich Vogelhuber mit mehreren Freunden in der erwähnten Schenke. Das Erscheinen der Lorette im Theaterkostüme erregte stürmischen Beifall. Eine Kollekte befreite die Aermste von dem letzten Rest Todesangst.

So endete die berühmte Retirade der Prinzessin vom Tandelmarkt!

———

# 19. Der Wechselfälscher.

Das Geschlecht eines Carpentier oder Grellet
ist nicht blos in Frankreich heimisch, es zählte auch bereits
in Altwien nahe Seitenverwandte. Im Sommer 1838
begab sich daselbst ein Ereigniß, welches damals unge-
heure Sensation erregte, dessen Kunde jedoch auf das
Weichbild der Residenz, ja eigentlich nur auf gewisse
Kreise beschränkt blieb, da in jener Zeit die Journalistik
noch nicht die gegenwärtig so vielgelesene Rubrik »Gerichtshalle« eröffnen durfte.

Die Sache kam so:

Der nunmehr verstorbene, damals aber noch sehr
rüstige Großhändler Bearzi, bekannt durch seine Ge-
schäftskenntniß, wie durch seinen Biedersinn, begab sich
an einem heiteren Tag um zwei Uhr Nachmittags aus
seinem Komptoir nach der Freiung, um daselbst einen
Fiaker zu miethen, da er eines Sommerquartiers wegen
nach Döbling zu fahren gedachte.

Als er jedoch zu dem Schottenhofe gelangte, sah er
in einem eben zur Abfahrt bereitstehenden Döblinger Gesellschaftswagen einen ihm wohlbekannten Kassier der
Nationalbank sitzen, der, wie es sich später ergab, in

ähnlicher Absicht nach dem oben genannten Lustorte zu
gelangen wünschte.

Der Bankier, welcher Gesellschaft liebte, entschloß
sich daher gleichfalls den Gesellschaftswagen zu besteigen,
zumal derlei Wägen an Wochentagen um die erwähnte
Nachmittagsstunde nicht sehr von Fuhrlustigen bestürmt
zu werden pflegten.

Die Pferde setzten sich in Bewegung.

Großhändler und Kassier sprachen natürlich von
Vorfällen in der kaufmännischen Welt, ein Wort gab
das Andere, und so kam man unter Andern auf das Es-
komptirungsgeschäft der Nationalbank zu sprechen. Man
pflegte daselbst Wechseldarlehen abzuschließen, falls sich
auf den Wechselbriefen die Unterschriften von drei guten
Firmen befanden. Ein tüchtiger Akzeptant und zwei ver-
läßliche Giros genügten zur Annahme der Wechsel, doch
mußten natürlich die Zensoren der Bank die Unterschriften früher geprüft und für echt befunden haben.

Kein Unterschleif schien dabei denkbar.

Während dieses Gespräches äußerte sich der Kassier
in schmeichelhafter Weise, wenn die Bank durchwegs
Schuldner wie der Großhändler Bearzi hätte, so würde
eine einzige Unterschrift, kurz ein einfaches Akzept vollkommen ausreichen.

»Ich brauche, Gottlob, kein Wechseldarlehen,«
sprach der Bankier.

»Keine Regel ohne Ausnahme,« meinte der Kassier.

»Was wollen Sie damit sagen?«

»Ich sah kürzlich einen Phönix.«

»Wie so?«

»Sie wissen ja doch, daß ich erst vor einigen Tagen einen Wechsel von Ihnen im Betrage von 35,000 fl.
auszahlte.«

»Sind Sie von Sinnen, oder sprechen sie im Ernst?«

»Ernst, voller Ernst!«

»Dann beklage ich die Bank, denn der Wechsel ist
— falsch!«

Der Kassier erbleichte. Der Gesellschaftswagen war
mittlerweile, wie die spätere gerichtliche Verhandlung
auswies, bis an den zweiten Abschnitt der Allee vor dem
Schottenthor gelangt. Der Großhändler befahl dem Kutscher still zu halten, und beide Herren eilten trotz der drü-
ckenden Sonnenhitze im Sturmschritt nach der Stadt
zurück. Als sie in der Bank ihr Anliegen vorbrachten, gerieth Alles in leicht erklärliche Aufregung, doch wurde der
fragliche verdächtige Wechsel augenblicklich aus der De-
positenkasse herbeigeschafft.

»Meine Unterschrift,« erklärte der Großhändler,
»ward so prachtvoll nachgemacht, daß ich beinahe darauf
schwören möchte, ich hätte meinen Namen eigenhändig
auf dies Blatt Papier geschrieben; demungeachtet ist und
bleibt der Wechsel — — falsch!«

Man hatte also mit einem vollendeten Meister in
der Fälschung von Handschriften zu thun. Sämmtliche
Zensoren der Nationalbank, ergraute Wiener Geschäfts-
leute, waren getäuscht worden. Anfangs glaubte man all-
gemein, die Fälschung sei von einem Komptoiristen des
Großhändlers ausgegangen, bald aber stellte es sich durch
mehrseitige Zeugenaussage fest, der falsche Wechsel sei

durch einen unbekannten blaſſen Mann zur Eskomptirung
gebracht worden.

Die Beſtürzung ward noch größer, als ſich durch
weitere Zeugenverhöre ergab, daß dieſer Mann von auf-
fallend blaſſer Geſichtsfarbe die Bank bereits dreimal in
ähnlicher Weiſe getäuſcht habe.

Das ſchien faſt unglaublich!

Und doch waren ſämmtliche Unterſchriften auch auf den
früheren beiden Wechſeln_falſch geweſen, wie es ſich aus
den Büchern der betreffenden Großhandlungshäuſer nach-
weiſen ließ. Der Betrüger hatte natürlich jedesmal drei
neue Unterſchriften von andern Bankiers nachgeahmt,
einen friſchen falſchen Wechſel von weit höherem Betrag
rechtzeitig, das heißt vor dem Verfallstag der früheren
Schuldverſchreibung in der Bank hinterlegt, und bann
nach ein paar Tagen den letzten Wechſel von älterem
Datum mit Hilfe des erhaltenen neuen Darlehens ein-
gelöſet.

Die Summe wuchs ſo bis zur Höhe von 35,000 fl.,
wie es auch aktenmäßig belegt wurde. Der Betrug war
einfach, doch ſinnreich. Dem Betrüger blieben jedesmal
mehrere tauſend Gulden Ueberſchuß zur Vergeudung oder
zur Spekulation. Hätte er in der Zwiſchenzeit glücklich
ſpekulirt, ſo wäre es ihm vielleicht möglich geweſen, auch
den letzten Wechſel ohne neues Darlehen per falſum ein-
zulöſen, und in Folge eines namhaften Ueberſchuſſes ein
eigenes Geſchäft zu gründen. Alle Welt hätte dann
nach ein paar Jahren glücklichen Geſchäftsganges ehrer-
bietig den Hut gezogen, beifügend, man ſehe aus dem
Beiſpiel, wie weit es Fleiß und Geſchäftskenntniß zu

bringen vermöge. Vielleicht war dies auch anfangs die Absicht oder die Hoffnung des Wechselfälschers.

Göttin Nemesis läßt aber selten mit sich spielen.

Wer war aber der Mann mit blassem Angesichte?

In den ersten Stunden der Bestürzung konnte Niemand die geringste Auskunft hierüber geben, später neigte sich jedoch ein Bankbeamter zu der Ansicht, der blasse Mann habe große Aehnlichkeit mit Carl P., dem ehemaligen Kassier des (nunmehr aufgelösten) Großhandlungshauses Bonnet de Bayard gehabt, nur hätte dieser Kassier nie einen Schnurbart wie der Wechselfälscher getragen. Die Polizei erhob jedoch bald, Karl P. trage gegenwärtig wirklich einen Schnurbart, auch sei derselbe täglicher Gast im Neuner'schen Kaffehhause, an der Ecke der Plankengasse und Spiegelgasse gelegen.

Der Bankbeamte begab sich in dies Kaffehhaus.

Karl P. war zugegen.

Die Identität der Person wurde von dem Bankbeamten beschworen.

Und was nun weiter?

Die Behörde unterzog nun die früheren und späteren Schritte des verdächtigen Wechseldeponenten einer strengen Prüfung, und siehe da, die Verdachtsgründe mehrten sich mit jeder neuen Erhebung.

Und Karl P.?!

Der blasse Mann lebte in geträumter Sicherheit. Er pflegte, wie oben mitgetheilt, jeden Nachmittag das Neuner'sche Kaffehhaus zu besuchen, und daselbst eine Tasse schwarzen Kaffeh zu sich zu nehmen. Auch blieb er gewöhnlich bis spät Abends in diesen Mokkatempel. Karl P.

war ein vortrefflicher Billardspieler, namentlich was die kleine Kegelpartie anbelangte. In dieser Partie mit fünf Kegeln fand er nie seinen Meister; auch gab er, selbst wenn er mit einem fremden Spieler kämpfen sollte, ungeschaut wie ungeschent sechs Points vor.

Auch dies ist eine Thatsache.

Das Billardspiel währte gewöhnlich von halb zwei bis drei Uhr Nachmittags, dann setzte er sich zum Piquet= spiel nieder, das er so leidenschaftlich liebte, daß er ein= mal mit einem bekannten Lustspieldichter, der natür= lich nicht das Mindeste von dem sonstigen verbreche= rischen Treiben seines Partners ahnte, von drei Uhr Nach= mittags bis neun Uhr Morgens am nächsten Tage am Spieltisch ausharrte. In der neuesten Zeit schien jedoch das Schachbrett seine Aufmerksamkeit zu fesseln. Die Araber nennen das Schachspiel »Szed renge«, zu deutsch »hundert Sorgen«.

Hier waren diese Sorgen nichts als Gewissensbisse.

Auch dieser Umstand warb von der Behörde erhoben.

Kaffehsieder Neuner, jetzt längst gestorben, warb nunmehr vor das Gericht beschieden und von der Sach= lage mit Hinweisung auf seinen Bürgereid in Kenntniß gesetzt. Der erschrockene Mann bat flehentlich, falls man den Verbrecher nicht in dessen eigener Wohnung treffe, die Verhaftung nicht in seinem Kaffehhause vornehmen zu wollen, da es dem Besuch seines Lokales Abbruch thun könne.

Diese Bitte konnte nur zum Theile befriedigt werden.

Am nächsten Morgen wurde die Wohnung des

Fälschers umstellt, der lose Vogel befand sich aber wirklich nicht in seinem Nest. Gewissensangst veranlaßte ihn die meisten Nächte außer dem Hause zuzubringen. Bald ließ er sich unter dem Vorwand, seinen Hausschlüssel vergessen zu haben, in irgend einem Gasthofe eine Stube aufschlie= ßen; bald brachte der schuldige Mann in Folge einer ähn= lichen Ausflucht die Nacht bei einem Freunde oder Be= kannten zu.

So war es auch diesmal der Fall gewesen.

Die vorgenommene Hausuntersuchung führte jedoch zu schlagenden Beweisgründen. Man fand nämlich bei Karl P. in dem Strohsack seines Bettes mehrere Stück Banknoten zu tausend Gulden, deren Ziffern und Num= mern nach der eidlichen Aussage des Kassiers der Bank genau mit jenen übereinstimmten, wie sie auf einigen Banknoten zu lesen, die er an den Mann mit dem blassen Antlitz verabfolgte. Es handelte sich daher nur mehr, den Wechselfälscher festzunehmen.

Karl P. war aber den ganzen Vormittag nicht auf= zufinden.

Ein Geschäftsgang in eine Vorstadt hielt ihn von seiner Wohnung entfernt; auch zog sich die betreffende Angelegenheit so sehr in die Länge, daß Karl P. sein Mittagsmahl gleichfalls außerhalb der innern Stadt zu sich nahm. Da man aber diesen Umstand nicht wußte, so fürchtete man bereits, die diebische Elster habe Wind bekommen und sei auf und davongeflogen.

Man irrte sich zum Glücke.

Gegen halb zwei Uhr Nachmittags erschien der An= geklagte wie gewöhnlich bei Renner im ersten Stockwerke des sogenannten silbernen Kaffehhauses. Dort hatte sich mittlerweile ein komisches Intermezzo zugetragen. Es waren nämlich zwei Gerichtsbeamte in Zivilkleidung daselbst erschienen, welche den Auftrag zur Verhaftung des Schuldigen erhalten hatten. Da sich in diesem Stockwerke gewöhnlich nur tägliche Kunden, sogenannte Stammgäste, einzufinden pflegten, so mußten die fremden Gesichter natürlich Aufsehen erregen.

Es kam noch seltsamer.

Der Zahlmarqueur hatte nämlich über fünfzig Stück ausländische Zigarren in seinem Wandschranke liegen, die zwar verzollt worden, nur daß die betreffende Zollbescheinigung in Verlust gerathen war. Der junge Mann fürchtete daher des Schmuggelhandels verdächtig zu werden.

Auch er irrte großmächtig.

Wie dem sein mochte, der Aermste gab sich alle Mühe, diese fünfzig Stück ausländische Zigarren an den Mann zu bringen, indem er zu den reicheren täglichen Kunden schlich, und sie flüsternd bat, ihm doch acht bis zehn Stück dieser verdächtigen Glimmstengel aus der Havannah abnehmen zu wollen. Die meisten angesprochenen Gäste willfahrten natürlich diesem Begehren.

Karl P. trat endlich ein.

Er ließ sich wie gewöhnlich eine Tasse schwarzen Kaffeh geben, und verfügte sich dann in das lange Nebengemach oder sogenannte Spielzimmer, um daselbst an einem runden Tische eine Schachpartie zu beginnen. Ein Gerichtsbeamter setzte sich, als angeblicher Schachfreund große Theilnahme für dies Brettspiel heuchelnd, an seiner

Seite nieder; der Andere blieb an dem Billard in der
vorderen Stube stehen, jedoch so, daß er den Angeklagten
nicht eine Minute aus den Augen verlor. Der Kaffeh=
sieder schritt gleichfalls sorgsam spähend im Kaffehhause
umher. Dem Zahlmarqueur gingen die Augen auf.

Er ahnte, daß die fremden Gäste nicht seinetwegen
kamen.

Eine halbe Stunde verstrich.

Karl P. befand sich in einer heitereren Stimmung,
als es seit Monden der Fall gewesen. Er hatte seit einer
Woche alle nöthigen Vorbereitungen zu einer Reise nach
Odessa getroffen, und hoffte die geräuschvolle Kaiserstadt
vielleicht schon binnen wenigen Tagen im Rücken zu haben.

Das Pflaster in Wien war ihm zu heiß geworden.

In Folge dieser freudigen Gedanken spielte der
Wechselfälscher mit geringerer Vorsicht als gewöhnlich,
was bei der gegenwärtigen Schachpartie um so bedroh=
licher, als ihm sein Gegner das bekannte gefährliche
Gambit des Allgaier geboten.

»Ich bin da,« flüsterte P., »in eine verdammte
Falle gerathen!«

»Gambit geben,« meinte lächelnd sein Feind, »heißt
auch ein Bein stellen.« ·

In diesem Augenblicke verließ der Gerichtsbeamte,
der sich im ersten Gemache befand, seine bisherige Stel=
lung am Billard, und ersuchte den Zahlmarqueur mit
leiser, doch gebieterischer Stimme, Herrn Karl P. auf die
Treppe hinausrufen zu wollen.

»Sagen Sie ihm,« meinte der Fremde, »daß ihn
ein Bekannter zu sprechen wünsche.«

Der Zahlmarqueur, dem die ängstliche Stimmung seines Dienstherrn schon lange aufgefallen war, erkannte nunmehr mit Gewißheit, daß es sich um ganz andere, weit wichtigere Dinge handle, als um die Feststellung des Thatbestandes bezüglich des Schmuggels mit ausländischen Zigarren. Demungeachtet entledigte er sich seines Auftrages in loyaler Weise, ohne auch nur durch eine Miene die Ueberraschung und Aufregung wahrnehmen zu lassen, die sich seiner Seele in Ahnung einer folgenschweren Verhaftungsscene nothwendiger Weise bemeistern mußte.

Karl P. langte sorglos nach seinem Hute.

Es war ja schon oftmals vorgekommen, daß ihn ein Bekannter oder Geschäftsfreund zu sprechen wünschte, und deshalb auf die Treppe hinausrufen ließ. Deshalb schritt er ruhig zur Thür, seinem Gegner im Schach zurufend:

»Die Partie ist verloren, ich ergebe mich auf Gnade und Ungnade. Setzen Sie gefälligst die Figuren frisch auf!«

Es waren die letzten Worte, die er im Neuner'schen Kaffehhause sprechen sollte. Der zweite Gerichtsbeamte, der bisher an seiner Seite gesessen, folgte ihm auf dem Fuße. Auch der Kaffehsieder hielt sich in der Nähe auf. Beide lauschten achtsam, ob der Angeklagte nicht irgend ein Stück Papier von sich zu werfen suche.

Karl P. verharrte jedoch in seiner Verblendung.

Er ahnte nicht das Geringste von seiner gefahrvollen Lage. Der erste Gerichtsbeamte trat ihm an der Treppe entgegen, und flüsterte ihm leise zu, er habe, wie eine in seinen Händen befindliche Ordre ausweise, den

Auftrag ihn augenblicklich zu verhaften. Karl P. erschrak zwar bei dieser Mittheilung, jedoch nur in geringem Grade; er dachte, wie er bei seinem späteren Verhöre aussagte, es handle sich einfach um eine Klage wegen Schmuggelei, da er in neuerer Zeit mit mehreren Kontrabandisten aus Ungarn wie aus dem Auslande in Geschäftsverbindung getreten war. Deshalb folgte er dem Gerichtsbeamten auch ganz ruhig über die Treppe.

Am Hausthor hielt ein Lohnwagen.

Der Wechselfälscher und der erste Gerichtsbeamte stiegen in den Wagen, der zweite Gerichtsbeamte setzte sich neben den Kutscher auf den Bock.

Die Fahrt ging nach der Spenglergasse.

Karl P. glaubte noch immer nicht das Schlimmste fürchten zu müssen. Als man ihm aber nach der Ankunft im Polizeigebäude in der Spenglergasse seine Brieftasche abverlangte, und seine Kleider zu durchsuchen begann, wechselte er ein paarmal sichtbar die Farbe, und suchte sich auch einiger Blätter Papier in seiner Schreibtafel zu entledigen, ein Versuch, der jedoch durch die Wachsamkeit seines Geleites vereitelt wurde.

Der Fund lohnte sich auch der Mühe.

Wie Reisende in Tuch oder Schneidermeister eine Musterkarte von Tuch oder anderen Wollstoffen mit sich zu führen pflegen, so trug Karl P. eine förmliche Musterkarte der Unterschriften der meisten bedeutenden Bankiers und Kaufleute von Wien bei sich. Karl P., der von Jugend auf tüchtig zu Feder war, hatte sich durch langjährige Uebung eine solche Fertigkeit im Nachahmen der oben erwähnten Unterschrif=

ten erworben, daß die betreffenden Bankiers und Kaufleute einstimmig erklärten, die Fälschung sei so gelungen,
daß sie selbst nicht zu entscheiden wüßten, was Original
oder Kopie sein möge.

Karl P. war ein Kalligraph.

Die Censoren der Bank wurden durch obige Erklä-
rung aller weiteren Verantwortlichkeit enthoben; auch
traf man bei diesem Institute sogleich solche Maßregeln,
welche eine Wiederholung dieses unerhörten Betruges zu
einer reinen Unmöglichkeit gestalteten.

Das Verhör begann.

Die erstern gewöhnlichen Fragen um Namen, Ge-
burtsort, Alter, Religion und Stand wurden von Karl
P. mit fester Stimme beantwortet. Als man ihm aber
nach wenigen Nebenfragen plötzlich den falschen Wechsel,
auf 35,000 fl. lautend, vor die Augen hielt, stieß er
einen leisen Schrei aus, und sank dann in eine tiefe
Ohnmacht. Man mußte ihn geraume Zeit mit Wasser
laben, ehe er sich so weit erholte, daß das Verhör fort-
gesetzt werden konnte.

Auch wurde er noch zweimal ohnmächtig.

»Ich will Alles bekennen,« stöhnte er dann schmerz-
lich, »schreiben Sie mein reumüthiges Bekenntniß rasch
nieder.«

Nach diesem Stoßseufzer, der in Wahrheit aus dem
tiefsten Herzen kam, legte P. ein umfassendes Geständ-
niß seiner schweren Schuld nieder, im Vorhinein ent-
schieden in Abrede stellend, daß ihm irgend ein Mitwisser
seines strafwürdigen Treibens hilfreich zur Seite gestanden sei. Viele Bogen Schreibpapier mußten demungeach-

tet verschrieben werden. Es ging auch bereits gegen die
Mitternachtsstunde, als die Richter das Verhör zu schließen gedachten.

»Nein, ich habe noch etwas anzugeben,« bat Karl
P. demüthig, »ich muß mein Gewissen vollkommen rein
wissen.«

Man willfahrte seinem Begehren.

Der arme Sünder gestand nun, daß er vor einiger
Zeit auch einen israelitischen Sensalen um 25,000 fl.
gepreßt habe, und zwar als er noch als Kassier im
Dienste des frühergenannten Großhandlungshauses stand.

Auch hier verschwieg er nicht die geringsten Neben-
umstände, und bat gleichzeitig, das Gericht möge die
Gnade haben, die Kommittenten des armen Juden in
Ungarn wie in der Residenz baldmöglichst von seiner
Aussage in Kenntniß zu setzen, auf daß an dem unverschul-
deter Weise verdächtigen Ehrenmann gut gemacht werden
könne, was noch gut zu machen sei. Der Sensal
saß nämlich im Schuldengefängniß, da seine Kommittenten der Ansicht lebten, der Jude habe selbst jene Summe
von 25,000 fl. unterschlagen.

Merkwürdig war der Schluß des Geständnisses.

»Ich danke Ihnen,« sprach Karl P. zu dem Richter, »mit tiefgerührtem Herzen, daß Sie mir noch eine
halbe Stunde zu meinem letzten reumüthigen Bekenntnisse geschenkt haben. Eine harte, vieljährige Strafe er-
wartet mich, ich weiß es und verdiene es auch nicht besser,
aber demungeachtet werde ich heute auf meiner rauhen
Schlafstätte schlummern tief, friedlich und sorgenlos wie ein
unschuldiges Kind. Glauben Sie mir, meine Herren, die

Nacht ist für den Verbrecher das Fegefeuer auf Erden. Sein Schlaf ist ein Stück Hölle, welche Spukgestalten bevölkern, schauerlicher anzuschauen, grausamer als die Furien der Mythe, jeder Traum ist das Abbild einer Folterkammer, wie es die ungezügelteste Fantasie nicht zu ersinnen vermag. Ein Jahr ist es, daß ich wie Espenlaub zitterte, so oft sich die Sonne zum Untergange neigte; ein Jahr verstrich, seit ich nicht mehr wußte, daß der Schlaf des Gerechten eine Gnade und ein Segen der Gottheit genannt zu werden verdiene. Heute aber will und werde ich schlummern tief, friedlich und sorgenlos wie ein unschuldiges Kind. Ich danke Ihnen, Herr Richter, ich danke aus gerührtem Herzen!«

Thränen erstickten seine Stimme.

Alle Anwesenden waren tief erschüttert.

Karl P. wurde abgeführt.

Sein Prozeß ging bald zu Ende. Das Urtheil lautete auf fünf Jahre Zuchthausstrafe.

# 20. Die Konzertsaison.

Der Winter ist eine traurige Jahreszeit für Wien, denn mit ihm kommen die Festtage der Geigen, Klaviere, Flöten, Hörner und Dudelsäcke.

Die Konzertsaison beginnt.

Die Musiknoth tritt in den Superlativ.

Das Klavierfieber wird epidemisch. Gleichzeitig erscheinen die gelehrten Kunstkritiker mit ihrem gedruckten musikalischen Zopfthum. Der Verfasser dieser Federzeichnungen zählt glücklicher Weise keineswegs zu dieser Gilde Stockmusikanten; er ist vielmehr ein Blutsverwandter jenes Witzboldes, der weiland meinte: man kann den Generalbaß im Schlaf hersagen können, und Noten mit Siebenmeilenlöffeln gegessen haben, und doch von dem Geiste einer Tondichtung, von der Seele einer musikalischen Leistung gerade so viel verstehen als ein Ziegelbrenner von dem Eindrucke der Peterskirche in Rom, als ein Farbenhändler von dem Kunstwerthe eines Bildes von Raphael oder Leonardo da Vinci.

Geist und Seele?

Ja, so lauten die Namen!

Es sind dies eigentlich nur bildliche Umschreibungen, gewöhnlich wird darunter auch blos Poesie verstan-

den. Von Poesie wissen aber die meisten gelehrten Kunst=
kritiker, die Mehrzahl der fahrenden Virtuosen gerade so
viel wie ein Lappländer von der Blumenpracht an den
Ufern des Indus.

Letztere sind noch schlimmer daran.

Virtuosen vertreten nämlich blos musikalische Ephe=
meren, Eintagsfliegen der Tonkunst, die man nur des=
halb bewundert, weil sie gerade en vogue sind, weil sie
eben zum Brennpunkt des Salongespräches geworden.
Was aber von der Mode lebt, stirbt mit der Mode. Eine
Welle verdrängt die Nachbarwoge im Strome nicht schnel=
ler, als eine neue Erscheinung im Gebiete der ausüben=
den Tonkunst ihre gefeierte Vorgängerin.

Die Franzosen haben die Mode, diese zweite Glücks=
göttin, erfunden; sie steht wie die griechische Fortuna auf
einer flüchtigen, ewig und immer fortrollenden Kugel.
Wehe daher ihrem Paladine, wenn er nicht Schritt mit
ihr zu halten vermag! Stillstand und Tod sind da gleich=
bedeutend. Die Mode zählt viele Lieblingskinder, aber
keines hat sie so verzärtelt als die letzten irrenden Ritter
die fahrenden Virtuosen. Was von der Mode lebt, noch=
mals sei es gesagt, stirbt mit der Mode. Ach, diese trau=
rige Wahrheit haben so viele Virtuosen der Neuzeit er=
lebt! Heute noch unbekannt, morgen wie ein Triumpha=
tor auf dem Schild getragen, übermorgen vergessen, klang=
los zum Orkus schleichend! Nur Wenigen gelang es,
nicht schon vor ihrem Tode zu sterben, nein, ihr Banner
noch lebend lustig in die Nachwelt flattern zu sehen.

Trübselig ist es ferner, daß die gegenwärtigen Vir=
tuosen ihren Vorgängern nicht das Wasser zu reichen ver=

mögen. Es sind durchwegs Epigonen ohne Kraft und Saft, keine Erben des Ruhmes in jener berühmten oder berüchtigten musikalischen Glanzzeit. Früher konnte man zwar Manches rügen, aber es gab überall auch viel Schönes zu loben. In unseren Tagen weiß man kaum, wo man anfangen, wo man enden soll mit gerechtem zornigen Tadel.

Das Talent droht auszusterben.

Prüfen wir die Kunstgrößen der Vergangenheit!

Beginnen wir mit den Sängerinnen!

Die Catalani besaß immensen Metallklang der Stimme, war er auch, wie ein gediegener Kritiker bemerkte, mit minder edlen Metallen, mit Manier verwachsen; der Milder fehlte die Anmuth, aber ihr Organ klang donnernd, sie war herrlich, gleich tief als erhaben. Die Sonntag entbehrte der höheren Weihe, aber ihr Gesang war ein Kolibri, bunt, reizend; die Fodor glich einer Spieluhr, einem Flötenwerk mit allen dessen Vorzügen und Gebrechen; die Schröder-Devrient besaß Begeisterung und Gemüthstiefe, obgleich es ihr oft an innerer Ruhe mangelte; bei der Malibran endlich war der Gesang zum Wort, das Wort zum Gefühl, und das Gefühl zur klaren Poesie geworden. Die Malibran war ein Dichter, der sang, statt zu schreiben.

Auch Jenny Lind galt als Kunstgröße.

Man rühmte ihre »Innerlichkeit«.

Sie ist auch blos inwendig unsterblich geworden.

Was bietet uns der Konzertsalon der Gegenwart an ähnlichen Erscheinungen? Gibt es gegenwärtig in Wien, ja in Europa auch nur eine Sängerin, die neben

ben obengenannten Klanggrößen genannt zu werden ver=
diente? Unsere heimischen Talente, die Notabilitäten der
Jetztzeit, gleichen jenen früheren Sangkräften gerade so,
wie die Sandhügel der Lüneburger Haide ähnlich sind
dem Montblanc, dem Chimborasso oder Dhavalagiri.

Nicht viel besser steht es mit den Violinspielern.

Wo weilt der Genuese Nikolo Paganini, der
Mann, der nach dem Tode der Malibran sagen durfte, nun
singe Niemand mehr als die Nachtigall und seine Geige?!
Er schläft nun seit Jahren auf dem Gottesacker zu Nizza,
auf Lorbern gebettet. Die Tongeister seiner Zaubergeige
zerstreuten sich nach allen Strichen der Windrose. Nur
wenige dieser körperlosen Nachtigallen wurden auf ihrer
Flucht eingefangen, und die beiden Vogelsteller, welchen die=
ses gelang, heißen Heinrich Ernst und Therese Milanollo.
Leider ist auch die Frühlingszeit, ja der Sommer des
letztgenannten Paares vorüber; namentlich klagen wir
um Ernst, da er zu den Vertretern der heimischen Ton=
kunst zählt, da er zwar in Brünn geboren, aber in Wien
erzogen, gebildet wurde. Paganini stellte unserm Ernst
schon während seines Aufenthaltes in Wien ein glän=
zendes Horoskop für die Zukunft, ja er hat ihm sogar
ein musikalisches Räthsel als Andenken überlassen.

Diese Zeit ist um!

Was uns jetzt auf der Violine geboten wird, mahnt
ja, darf man Kleines mit Großem vergleichen, an eine
Iliade nach Homer. Man findet hier wie fast überall
durchwegs nur Violinisten vom geringsten Range, von
denen dreizehn auf ein Dutzend gehen. Es sind Talente
im Taschenformat, Künstler in Sebezausgabe, einem

Folianten gegenüber. Deshalb weiß man auch in Wien nie genau, wann die diesjährige Konzertsaison eigentlich begonnen; denn Krethi und Plethi bilden noch lange kein fahrendes Virtuosenthum, so wenig Anspruch dies Letztere auf Unsterblichkeit zu erheben vermag.

Das Klavier allein ist noch prunkhaft vertreten.

Franz Lißt, ein Ungar, also unser Landsmann, welcher das Pianoforte zu einer musikalischen Großmacht erhoben, die Pleyel, die am Flügel zum Manne wurde, die Wiek-Schumann, welche Beethoven eigenhändig zur Oberpriesterin im Tempel seines Kultus gesalbt zu haben scheint, Wilmers, der musikalische Döbler, reich an Sträußchen der Melodie, Thalberg, der lebendige Stammbaum am Klavier, Stefan Heller, der Dichter auf Tasten, alle diese Träger gefeierter Namen erscheinen zwar nimmer im Wiener Konzertsalon, aber das Klavier hat doch einen seiner besten Ablegaten behalten, das Pianoforte übertönt noch immer alle übrigen Instrumente, denn der gewaltige Böhme Dreischock gibt noch häufig Konzerte. Dreischock wird nun freilich seinen Namen nie in das Gedenkbuch unvergeßlicher Tondichter zu schreiben wissen, aber er ist doch ewig und immer der Wundermann der Technik. Diese Technik läßt sich kaum versinnlichen, und es ist nicht übertrieben, wenn man den alten Witz wiederholt, der Künstler Dreischock besitze drei Schock Finger, oder er habe keine linke Hand, nein, seine beiden Hände seien rechte. Er ist ein musikalischer Jongleur, man kann sich kaum einen Begriff von der Schwere der Kugeln machen, mit denen Dreischock wie mit Seifenblasen spielt. Dieser Virtuos versteht es

ferner gediegene Tonwerke wie die Meisterstücke von Beethoven und Mendelssohn - Bartholdy mit ergreifender
Vollendung vorzuführen.

Damit sind wir aber auch mit seinem Lobe fertig.
Es fehlt dem Mann an echter Poesie; sie ist ihm nicht
angeboren, er hat sich dieselbe blos angeeignet. Dreischock
ist eben ein Virtuos, kein Tondichter. Die Nachwelt hat
keine Stelle für den von der Jetztzeit bewunderten Künstler.

Was sich sonst an Pianisten in der Wiener Konzertsaison hören läßt, steht weit unter dem Niveau der Mit-
telmäßigkeit. Wien besitzt, wie schon einmal gesagt, überhaupt zu wenig Tonkünstler, dagegen eine Unzahl Musikanten. In der Zunftsprache nennt man Gesellen, welche
kein Meisterstück geliefert, noch den Meisterbrief gelöst
haben, und doch ihr Gewerbe auf eigene Rechnung betreiben, schlechtweg

Stöhrer.

Die meisten Wiener Musikanten sind nichts weiter,
als musikalische Stöhrer. Ohne den Dehnlaut in der
ersten Sylbe wäre das Wort vielleicht noch bezeichnender

Musikstöhrer?!

Ja, so lautet ihr wahrer Name!

———.———

## 21. Die Hexenküche in der Jägerzeile.

Es war im Winter des Jahres 1844, daß eine Gesellschaft von Dichtern, Komponisten und Schauspielern den fünfzigsten Geburtstag des geistreichen Humoristen M. G. Saphir in Wien durch ein glänzendes Gelage zu feiern beschloß. Dies Gelage fand im Kasino auf dem Mehlmarkte statt. Es wurde dabei sehr viel Champagner und Rheinwein, aber noch mehr Geist, Witz und Laune konsumirt.

Mehrere, mitunter treffliche Gelegenheitsgedichte, ein herrlicher Schwank von Abami, dem Aelteren, wobei sämmtliche Gäste ihr Urtheil über den Gefeierten Stück für Stück abgaben, endlich eine ganz vorzügliche Vorlesung des Humoristen selbst trugen nicht wenig bei, die allgemeine Heiterkeit zum lauten Jubel zu steigern. Viel Beifall fand auch ein Geschenk von dem Verfasser des »Mailüftchens«, Baron Klesheim. Es bestand in einer sehr gelungenen Cartonnagearbeit, eine Nachtigall in der Nähe einer Hecke von »wilden Rosen« darstellend.

Trotz dem allgemeinen Frohsinn schienen drei Mitglieder der Gesellschaft wie auf Nadeln zu sitzen. Zwei davon zählten zum Soldatenstande. Der Eine, ein bekannter Novellist, diente in einem Infanterieregimente, das in jener Zeit in Wien in Garnison lag; der Andere, ein nicht ungeachteter Lyriker, der mit Offizierscharakter aus dem aktiven Dienste getreten war, galt als Hauptmit= arbeiter von Saphir's Journal, „der Humorist" geheißen. Der Dritte endlich, ein bleicher junger Mensch, war ein Aspi= rant des Burgtheaters, wie damals halbreife Leute ge= nannt wurden, welche auf der ebengenannten Hofbühne auf die Probe spielten.

Das Kleeblatt erhob sich auch gegen Mitternacht leise von seinen Stühlen, um sich auf gut holländisch aus dem Saal zu entfernen. Der Rückzug ward in der That ohne sonderliches Hemmniß glücklich bewerkstelligt.

Ein Fiaker hielt auf dem Mehlmarkte.

Die Freunde stiegen in den Wagen.

„Nach der Hexenküche in der Jägerzeile!"

So rief der Novellist.

Die Fahrt ging über die Ferdinandsbrücke. Dann bog man rechts ein und fuhr fast an das Ende der Jä= gerzeile. Dann ging es abermals rechts in eine schmale Seitengasse, die gegen den Donaukanal mündete, und jetzt kaum mehr dem Namen nach besteht, da die dama= ligen elenden ebenerdigen Häuser später prachtvollen Neubauten weichen mußten. Bald darauf hielt der Wa= gen vor einem verfallenen, auch ziemlich düsteren und unheimlichen Hause.

Dort wohnte eine berüchtigte Wahrsagerin.

Sie schien eine entfernte Anverwandte der historisch berühmten Mademoiselle Lenormand in Paris zu sein, und war übrigens eine betagte hagere Frau von auffal= lender Zigeunerfarbe, mit weißen, struppigen Haaren und geisterhaft funkelnden Augen. Die Alte hieß Frau Josnö, was auf Ungarisch so viel als Wahrsagerin bedeutet, denn ihr Vaterland war Kleinkumanien. Der Wiener Volkswitz nannte sie jedoch wegen ihrer abschreckenden Häßlichkeit einfach:

### Die Großmutter des Teufels.

Die Here bewohnte zwei Stuben in dem erwähnten Hause. Das erste Gemach wies keine besonderen Merkmale einer Zauberhöhle; es wäre denn, daß man ein paar kohlschwarze Kater und einen häßlich schnarrenden zahmen Raben dazu rechnen wollte. Hier pflegte die weise Frau ihre gewöhnlichen Kunden abzufertigen, Karten aufzuschlagen, aus der Hand zu weissagen, das Horoskop zu stellen oder sympathische Heilmittel zu verkaufen.

Wunderlicher gab sich die zweite Stube.

Sonderbares ausgestopftes Geflügel hing an dem Plafond, künstlich gefüllte Schlangen wanden sich an den Wänden empor, seltsame Vasen, Tiegel und Phiolen standen in schmalen Schränken wie in einem Laboratorium umher, und was noch etwa von dem Mauerwerke sichtbar gewesen wäre, bedeckten schwarze, hie und da mit Spinnengewebe überzogene Trauerflöre. Kröten, Eidechsen und anderes ekelhaftes Gewürme krochen auf dem gleichfalls mit schwarzem Tuche belegten Fußboden hin und wieder.

In der Mitte der Stube stand ein kleiner Herd, der zugleich als Altar dienen mußte, wie ihn die heidnischen Ungarn der Vorzeit ihrem Gotte, Isten genannt, im Freien zu errichten pflegten. Dieser Herd wurde,

falls kein Feuer auf demselben brannte, von einer Art
ewigen Lampe mit Spiritusflamme beleuchtet. Ein ruß-
geschwärzter Rauchfang oder Schornstein steigerte die
unheimliche Färbung des Gemaches, das da hieß im
Munde des Volkes:

Die Hexenküche in der Jägerzeile.

Hier übte die alte Sibylle vor reicheren Gästen ihr
mystisches Gewerbe in weit größerem Maßstabe aus,
zitirte Verstorbene und beschwor Geister herauf. Kunden,
die hier meist in der Dämmerung, zuweilen auch spät in
der Nacht einsprachen, wurden jedoch selten bei dem ersten
Besuche abgefertigt, sondern gewöhnlich auf die nächsten
Tage bestellt, und zwar mit der nachdrücklichen Verwar-
nung, im Verlaufe der dazwischenliegenden Zeit mäßig
zu sein, denn nur dem Nüchternen und Gläubigen lüfte
sich der Schleier der Geisterwelt. Böswillige Ungläubige
behaupteten freilich, diese Verlagung der sibyllinischen Aus-
sprüche finde nur deshalb statt, um mitterweile genaue
Nachrichten über die Verhältnisse der betreffenden Kunden
einzuziehen.

Wie dem sei, die Popularität der klugen Frau in
den unteren Volksschichten stieg mit jedem Tag, ihr ge-
heimnißvoller Ruf in den Salons wuchs mit jedem
Abend. Auch das Kleeblatt, welches so eben das Kasino
auf dem Mehlmarkte verlassen, sprach nicht zum ersten
Male in der Hexenküche ein.

Der Lyriker und seine Gefährten waren schon vor
drei Tagen bei der Wahrsagerin gewesen und für die heu-
tige Nacht bestellt worden. Es blieb also nichts übrig,

als dem Geheiße der Geisterwelt zu Ehren den Freuden
des Bankettsaales zu entsagen. Daß es die geladenen
Gäste jedoch mit der Weisung, nüchtern zu verbleiben,
eben nicht sonderlich streng hielten, haben wir bei dem
bereits erwähnten Gelage gesehen, eine Wahrneh-
mung, welche durch die geschminkten Rosen, so der
Champagnerwein auf die Wangen gezaubert, keineswegs
Lügen gestraft wurde. Die Wahrsagerin schien dies jedoch
nicht zu bemerken; sie schritt ihren Kunden mit einer
tiefen Verbeugung bis an die Thür des ersten Gemaches
entgegen.

»Die Geister harren!« sprach sie mit kreischender
Stimme.

In diesem Augenblicke ließ sich in dem zweiten Gemache ein seltsames Geläute vernehmen. Es glich dem
Klange einer Sterbeglocke, die jedoch aus weiter Ferne
herüberzutönen schien, da man nur zeitweise, gleichsam
in Pausen, die Schwingungen derselben zu erkennen vermochte.

»Was soll dies Geläute?« frug der Novellist.

»Es ist die Klingel an dem Vorhang der Geisterwelt,« versetzte die Alte, »bald fliegt er empor, das
Schauerstück will beginnen!«

»Wir haben nichts damit zu schaffen,« meinte der
Lyriker muthwillig, »Gräber bedeuten die Vergangenheit,
wir aber dürsten nach Kunde aus den Tagen der fernen
Zukunft.«

»Die Ewigkeit,« erwiederte die Rumanierin, »kennt
weder Zeit noch Raum.«

»Poetisch gesprochen,« rief der Novellist; »also rasch vorwärts über die Schwelle der Zeit!«

Man trat in die Herenküche.

Gleichzeitig begann eine verborgene Drehorgel, zweifelsohne in einem der Wandschränke angebracht, die bekannte Tonweise oder Begleitung zu dem alten Liede zu spielen, das da beginnt:

> Das Grab ist tief und stille,
> Und schauderhaft sein Rand;
> Es deckt mit schwarzer Hülle
> Ein unbekanntes Land.

Die Großmutter des Teufels war ganz schwarz gekleidet, das Gewand mit kabbalistischen Zeichen geschmückt. Auch schwang die Alte einen Mispelzweig als Zauberstab. Die Beleuchtung des Gemaches bestand aus einer großen Kapsel aus Messing, darin Spiritus brannte. Seine blaue Flamme erhellte die schwarzdekorirte Stube, dies Seitenstück zu einer Todtenkammer, nur nothdürftig, und verlieh dem Antlitze der angeblichen Here wie der drei Gäste eine leichenhafte Färbung. Im Schwanken des rastlos zitternden Lichtes schienen sich die Schlangen wie lebendig an den Wänden emporzuwinden, man glaubte das Geflügel an der Decke seine gewaltigen Schwingen regen zu sehen, häßlich schnarrte der Rabe, und als zeitweises Echo fielen miauend die beiden Kater ein.

Es war ein echter Höllenbreughel.

Kinder würden vor Angst laut aufgeschrien haben.

Dem etwas abergläubischen Aspiranten wurde unheimlich zu Muthe.

Auf dem Herde lag ein uraltes Pergament, mit fremdartigen Lettern beschrieben, das die Zauberin in längeren oder kürzeren Pausen in die Hände nahm, mit leise murmelnder Stimme kabbalistische Sprüche ablesend.

Dem Aspiranten stand der Schweiß auf der Stirne.

»Was wünschen meine Gäste?« frug die Alte.

»Wir wünschen,« sprach der Novellist, »sämmtlich das merkwürdigste Ereigniß zu kennen, das uns im Laufe der nächsten zehn, zwölf Jahre bevorsteht.«

»Es sind also drei Weissagungen zu ertheilen?«

»So ist es.«

»Dann wollen sich zwei der Herren in die vordere Stube begeben.«

Gesagt, gethan!

Der Novellist und der Lyriker entfernten sich mit boshafter Eile aus der Stube. Der Aspirant blieb allein bei der Alten in der Herenküche zurück. Der Aermste zitterte sichtbar. Sein Antlitz, sonst ewig bleich, marmor= weiß, bedeckte gegenwärtig eine fast purpurne Röthe. War es Nachwirkung des Gelages im Kasino auf dem Mehlmarkte? War es Ahnung oder Angst? Derlei Fra= gen sind leichter zu stellen, als zu beantworten.

So viel steht fest, dem Aspiranten war schlimm zu Muthe.

Die Here griff nach einer alten Räucherpfanne, die hinter dem Altar verborgen gewesen sein mochte, und streute eine Handvoll Wurzelwerk in das kupferne Becken. Ein dicker, betäubender Dunst oder Nebel erfüllte das Gemach.

Wie kam das?

Das ist leicht zu erklären.

War es doch keineswegs arabischer Weihrauch, nein
schwarzes Bilsenkraut, was in den Kohlen knisterte und
dampfte, jene giftige Wurzel, deren bloße Ausdünstung
krampfhafte Zufälle herbeiführt, nach deren Genuß die
betrunkenen Betteln des Mittelalters, die sogenannten
Hexen, die abenteuerlichsten Träume überkamen.

»Gibt es für Sie,« frug die Alte, »eine Lieblings=
stelle auf Erden?«

»Allerdings,« antwortete etwas ruhiger der Aspirant.

Der Aermste meinte, wie er später gestand, ein
kleines Häuschen auf der Wieden, das er in jener Zeit
oft und gern zu besuchen pflegte, darin er die schönste
Rose gefunden, die ihm auf seinem Lebenspfade erblühen
sollte.

»Heften Sie Ihre Gedanken fest auf diese Lieblings=
stelle?«

»Mit ganzer Seele!«

Die Zauberin warf nunmehr neues Wurzelwerk
auf das Kohlenbecken, zog mit Hilfe eines schwarzen und
weißen, mit Todtenköpfen geschmückten Bandes einen
Kreis um den jungen Mann, hieß ihn diese Grenze ja
nicht überschreiten, murmelte dann eine Beschwörungs=
formel in einer morgenländisch klingenden unbekannten
Sprache, und brach dann wie vom Schlag gerührt in sich
zusammen. Häßlich schnarrte der Rabe, ängstlich miau=
ten die Kater. Plötzlich fuhr die Alte triumphirend em=
por. Dumpfer Donner rollte durch das Gemach, der
dichte Dampf wurde zum dünnen Nebel, dieser gewann

Gestalt wie in den englischen Dissolving views, und ein stattliches Gebäude wurde sichtbar.

»Das Wiener allgemeine Krankenhaus!« murmelte der Aspirant wie vom Blitze getroffen.

»Du weißt,« sprach die Here, »was du wissen wolltest! Mein Werk ist gethan. Ziehe in Frieden deiner Wege!«

Der Aspirant wankte mehr todt als lebendig nach der vorderen Stube. Seine Erzählung schien seine Freunde jedoch eher zu belustigen als zu erschrecken. Wenigstens nahm der Lyriker mit einem überaus spöttischen Lächeln die Stelle seines Vorgängers ein. Die Wahrsagerin schien auch zu errathen, daß sie es hier mit einem gewaltigen Skeptiker zu thun habe.

»Haben Sie eine Lieblingsfrage,« forschte sie, »an die Zukunft zu stellen?«

»Mehre.«

»Wählen Sie die schönste derselben.«

»Ist bereits geschehen,« sprach der Lyriker.

Damit warf er einen forschenden Blick auf seine Umgebung. Es hatte sich Manches geändert. Die Luft war reiner geworden. Das Athmen fiel nicht länger beschwerlich. Die Dekorirung der Hexenküche schien unverändert geblieben zu sein, doch kontrastirte der gegenwärtig mit Kunstblumen und zwar mit Rosen, Lilien und Efeu, kurz mit den Farben Ungarns geschmückte Herd oder Altar seltsam gegen die übrige unheimliche Umgebung. Auch war der Kreis, darein der Lyriker treten mußte, von einem weiß-roth-grünen Band gebildet worden; zudem streute die andere Lenormand diesmal echten arabischen Weih-

rauch auf das Kohlenbecken. Sonst blieb es bei der alten
Beschwörungsformel, bei der früheren Nebelbildung.

»Was sehen Sie?«

Also lautete die Frage der Pythia.

»Einen Salon, dessen Fenster nach einem mächti=
gen Strome gehen. Es könnte die Donau sein, doch ist
der Fluß weit breiter als der Kanal, welcher die Leopold=
stadt von der inneren Stadt scheidet.«

»Verweilt Jemand im Salon?«

»Ja, eine schöne Frau, die in einem Buche liest.«

»Dann ist auch Ihr Wunsch erfüllt worden. Gehen
Sie!«

»Sonderbar,« sprach der Lyriker, als er an der
Seite seiner Freunde stand, »sonderbar, daß ich in der
That daran dachte, ob ich mich je verheiraten würde,
und wie wohl das weibliche Wesen aussehen möge, das
mir von dem Schicksal zur Braut auserkoren worden!«

»Ein Mystiker mehr!« meinte ironisch der No=
vellist.

Damit eilte er festen Schrittes in die geheimniß=
volle Stube. Wie seltsam! Der alte, fast den Athem
hemmende Dunst wogte durch das Gemach, auch war
der Blumenschmuck am Herd oder Altar verschwunden.
Häßlich schnarrte der Rabe, ängstlich miauten die Kater.
Selbst die Here bebte wie vom Fieberfrost geschüttelt.

»Sie sind Militär,« begann sie, »denken Sie an
eines ihrer Lieblingsbilder aus der Kriegsgeschichte!«

Der Novellist wechselte sichtbar die Farbe.

»Ich denke daran,« sprach er dann, sich mühsam
fassend.

Die Hexe ergriff den Mispelzweig.

Die alte Ceremonie mit dem Zauberband, das aber diesmal hochroth war, und von Blutstropfen bespritzt schien, erneuerte sich abermals, nur mit weit längerem, auch erschütternden Verlaufe. Die Alte wurde, so viel der Novellist im Halbdunkel wahrnehmen konnte, von konvulsivischen Zuckungen ergriffen, und sank dann, Geifer und Schaum an den Lippen, vor dem Herd wie leblos zu Boden.

»Die Unterirdischen sind sehr stark!«

So kreischte sie, als sie sich nach ein paar Minuten mühsam erhob und neues Wurzelwerk in das Kohlen= becken schleuderte. Das grauenhafte Treiben begann aufs Neue. Es endete wie früher mit einer zweiten, doch weit längeren Ohnmacht der Sibylle. Der Novellist, halb ärger= lich, halb ergriffen, wollte eben aus dem Kreise treten, als die Hexe, wie von einer Mine emporgeworfen, auf ihre Füße sprang, das alte Pergament mit den wunderlichen Lettern erhob, und mit drohender Stimme, das Haupt gegen den Boden geneigt, die linke Hand mit dem Mispelzweig gebieterisch abwärts senkend, zürnend vor sich hinmurmelte:

»Söhne des Abgrundes, Ihr wißt doch, daß mir noch kein Geist der Tiefe zu widerstehen vermochte!«

Zum dritten Male ergab sich dieselbe spukhafte Ge= schichte. Diesmal aber schien die Lebende die Oberhand über den Tod und das Reich der Geister zu gewinnen. Die verborgene Spieluhr übernahm die Rolle des frühe= ren Donners, doch spielte sie leider einen Trauermarsch, der Dunst ward zum dünnen Nebel, die Spiritusflamme erlosch von selbst, ein bläuliches Licht begann aus der Tiefe des Herdes zu bringen, und wie aus einer Versenkung erhob sich das Bild einer bekannten historischen Szene.

Dies Bild stellte die letzte Stunde eines Kriegers vor, der mit unverbundenen Augen vor ein paar Rotten bärtiger französischer Schützen stand, und gänzlich unbekümmert um die blanken Gewehrläufe, die sämmtlich nach seiner Brust gerichtet waren, Feuer zu kommandiren schien. Sonderbar war es, daß die Gegend kein französisches Colorit trug, sondern lebhaft an den Stadtgraben in Wien erinnerte.

»Marschall Ney!« rief der Novellist erblassend.

»Gott gebe«, wehklagte die Alte, »daß Sie falsch gesehen haben! Ihr Wunsch ist übrigens erfüllt worden. Kehren Sie heim!«

Der Novellist schritt hastig nach der Vorderstube.

»Seltsam«, murmelte er vor sich hin, »daß ich allerdings an das blutige Kapitel der französischen Kriegsgeschichte dachte, welches die Hinrichtung des Löwen aus Elsaß, des Marschalls Ney enthält, der bekanntlich zum Tode verurtheilt wurde, weil er Ludwig dem Achtzehnten den Eid der Treue brach!«

Der Mann wurde immer blässer.

Im ernsten Sinnen schied das Kleeblatt aus dem unheimlichen Hause in der Jägerzeile. Aspirant und Novellist schienen es zu bereuen, daß sie den Gang nach der Hexenküche, zur Mademoiselle Lenormand II. gewagt hatten.

»Und gingen die Prosezeihungen in Erfüllung?«

So fragen zweifelsohne meine neugierigen Leserinnen.
Fast buchstäblich!

Abami der Jüngere, der Aspirant, starb nach we=
nigen Jahren, durch den Tod seiner Eltern gänzlich mit=
tellos geworden, nach einer langwierigen schmerzhaften
Krankheit im Wiener allgemeinen Krankenhause.

Der Novellist Wenzel Messenhauser wurde im
Nachmärz, und zwar am 16. November 1848, mit un=
verbundenen Augen im Wiener Stadtgraben vor dem
neuen Thor erschossen.

Und der Lyriker?

Der Lyriker, der niemand Anderer ist, als der Ver=
fasser dieser Federzeichnungen, verheiratete sich schon vor
Jahren mit dem Original jenes Nebelporträts im Salon,
mit einer schönen Frau, welche damals in Pest im soge=
nannten Wurmhof und zwar in jenem Flügel dieses
Gebäudes wohnte, dessen Fenster nach dem Donaustrom,
nach der Ofener Festung, sehen.

Prinz Hamlet sagte:

»Es gibt Dinge unter der Sonne, von denen sich
unsere Schulweisheit nichts träumen läßt!«

## 22. Die Krippenspiele in Wien

(nebst einer Erinnerung an ein Nikolaisest am 6. Dezember 1828).

Wenn der November zu Ende geht und die Fest-
klänge allüberall verstummen, denn „Kathrein sperrt den
Tanz ein", dann beginnt ein ernsteres und doch nebenbei
lustigeres Leben und Treiben in der großen Residenz am
oberen Donaugestade. Die Adventzeit ist herbeigekommen,
das Weihnachtsfest steht vor der Thür, und bald wird der
Christabend dämmern mit seinen reichbehängten Tannen-
bäumen, an deren Zweigen hunderte von Lichterchen die
Geburt des Helden vom See Tiberias feiern und ver-
künden.

Die Feier der eigentlichen Christnacht wurde schon
in grauer Vorzeit sehr festlich begangen — Christmetten
— wobei gewöhnlich dramatische Darstellungen der Geburt Christi nebst allen Nebenumständen, wie sie die
Evangelisten erzählen, stattfanden. Daher stammen auch
die spanischen Comedias divinas, die göttlichen oder heiligen Schauspiele, welche in Darstellungen aus der Le-
bensgeschichte der Heiligen, vidas de Santos, und in
Stücke zur Verherrlichung der Sakramente, autos sacra-
mentales, zerfielen. Auch in Deutschland waren derlei
göttliche Komödien einst sehr beliebt. Hiezu gehörte auch

das sogenannte »Herodesgespiel«. In Tyrol wird noch
jetzt das Passionsspiel in der Fastenzeit aufgeführt, wobei
man eine eigene Schaubühne zu erbauen pflegt, irgend
eine Anhöhe als Schädelstätte von Golgatha benützt, und
rechts davon die heilige Stadt Jerusalem aufthürmt, die
freilich meist das Ansehen eines Dorfes bietet, so sehr
auch der Pinsel eines Malers der Holzfarbe der als Bau-
steine verwendeten Bretter zu Hilfe gekommen.

Ein anderer Ableger sind die sogenannten Krippenspiele.

Hierüber weiter unten ein Mehres!

Da aber bei den Metten so mancher Mißbrauch in
die Scene ging, so wurden sie später aufgehoben. Die
Dekorationen bei diesen Metten gaben wohl auch im
Norden Veranlassung zu den Weihnachtsbäumen, indem
man Nadelholzbäume als die einzigen um diese Zeit noch
grünen Stämme abschnitt und zu Dekorationen ver-
wendete.

Um sie reicher zu schmücken, wurden sie mit Rauschgold, Bändern und Wachskerzen verziert, um ihnen das
Ansehen wirklicher Bäume zu geben, mit Aepfeln, mit
vergoldeten Nüssen behangen. Man überließ sie so den
Kindern, bald fügte die Liebe der Eltern mancherlei
Naschwerk, kleine Angebinde hinzu, wodurch die Weih-
nachtsgeschenke entstanden. Die Weihnachten sind jetzt,
namentlich in Wien, die Jubelzeit der Kinder, wobei sich
auch Gatten, Verwandte und Freunde gegenseitig zu be-
schenken pflegen. E. T. A. Hoffmann hat einen solchen
Christabend in seinem Märchen »Nußknacker und Mause-
könig« in unübertrefflicher Weise geschildert. Derlei Feste

find selbst bei den Bekennern des mosaischen Glaubens in
Wien üblich.

Viele glauben an eine Verwandtschaft mit dem Jul,
mit dem größten Fest der alten Skandinavier wie vermuthlich auch bei den Germanen. Dies Fest begann mit
der Höggu nótt, der Hieb-, Schlacht- oder Opfernacht,
fälschlich Habichtsnacht übersetzt, welche in die Zeit der
Wintersonnenwende, auf den 21. oder 22. Dezember, fiel
und drei Nächte währte. Am Julabend, Jóla-aptan, wurde
dem Sonnengotte Freyr das große Herdopfer, Sonarblót,
von dem König selbst dargebracht. Ein großer Eber, das
heilige Thier des Freyr ward in den Thronsaal getragen,
die Lehnsmänner legten die Hände auf die Rückenborsten,
und leisteten von Neuem den Eid der Treue, thaten auch
anderweitige Gelübbe. — Andere Alterthümler finden in
dem Weihnachtsfeste die altrömische Sitte der Saturna-
lien zur Römerzeit wieder, wo man sich auch gegenseitig
zu beschreken pflegte.

Sonst war mit Weihnachten allerhand Aberglaube
verknüpft. Man glaubte, daß die sogenannten Christäpfel,
verwelkte Holzäpfel, nur in dieser Nacht zu finden seien,
daß sich das Wasser in Wein verwandle, daß das in dieser Nacht geschöpfte Wasser lang aushalte und ein kos-
metisches Mittel sei, daß die Rose von Jericho, in dieser Nacht in Wasser gesteckt, neu aufblühe, daß die Thiere
am Christabend bis zum nächsten Morgen reden könnten,
daß die im künftigen Jahre sterbenden Menschenkinder
um Mitternacht gemeinschaftlich nach der Kirche zögen,
was dem Dichter Raupach den Stoff zu seinem allbe-

kannten Trauerspiel „der Müller und sein Kind" gelie=
fert haben dürfte.

Der Vorläufer der Weihnachten ist das Niko=
laifest.

Dies Fest wird zu Ehren des heiligen Nikolaus,
des einstigen Bischofes zu Myra, am 6. Dezember ge=
feiert. Der heilige Nikolaus, heißt es, zieht an diesem
Tage Abends mit dem Knecht Ruprecht umher, droht den
unfolgsamen Rangen mit der Ruthe, und gibt den ge=
horsamen Kindern Aepfel und Nüsse zu verkosten. Das
Nikolaifest wurde im Mittelalter, besonders in Hamburg,
mit Maskeraden und Gelagen gefeiert; diese Sitte ist
auch noch hie und da, wie zum Beispiel in einigen Ort=
schaften von Thüringen, üblich.

In Wien heißt der heilige Nikolas schlechtweg
Niklo, wobei die Betonung auf die letzte Sylbe fällt.
Sein Erscheinen wird den Kindern durch Klingelgeläute
wie durch das Rasseln von Ketten verkündet. Der Heilige
trägt die Bischofsmütze und den Krummstab. Seine Be=
gleiter sind der Engel mit dem goldenen Stab und der
sogenannte Krampus mit dem Schürhaken.

Dieser Krampus — ein Wiener Ausdruck — ist
nichts weiter als der leibige Gottseibeiuns in höchst eige=
ner Person. In Buden, wie auf den Ständen der Da=
men der Halle, um nicht Höckerweiber zu sagen, wird ein
Standbild, eine Statuette des Meisters Urian oder des
Junkers Voland verkauft, eine Statuette, welche komisch
genug aus Pflaumen gefertigt wird, und den Namen
Zwetschkenkrampus zu führen pflegt. Dieser Zwetschken=
krampus schwingt die Ruthe, trägt auch Ketten, ist ne=

benbei mit Rauschgold in stattlicher Weise herausgeputzt.
Hätte E. T. A. Hoffmann diesen originellen Kauz gekannt, traun, der Zwetschkenkrampus würde in dem obenerwähnten Märchen zweifelsohne eine sehr bedeutende
Rolle gespielt, eine tüchtige Märchenfigur abgegeben
haben.

Sprechen wir jedoch von den Krippenspielen.

Die Krippenspiele sind, wie bereits gesagt, vermuthlich ein Ableger der Pumpermetten. Schaubuden, darin
derlei Spiele in die Szene gingen, waren einst in Wien
sehr besucht; sie wurden mit dem Nikolaitag, also am 6.
Dezember, eröffnet und erst in der Charwoche kurz vor dem
Osterfeste geschlossen. Es gab eine Menge solcher Buden,
und zwar nicht blos innerhalb der Stadtthore, sondern
auch draußen in den Vorstädten, wie zum Beispiele links
auf der Mariahilfer Hauptstraße und auf dem Neubau.
Ganze Scharen von Kindern drängten sich nach diesen
beliebten Schaustätten.

Das vorzüglichste Krippenspiel in der innern Stadt
befand sich in der Rauhensteingasse. Es wurden daselbst
Nachmittags, namentlich an Sonntagen, an Feiertagen
oft zwei bis drei Vorstellungen hintereinander gegeben.
Alt wie Jung, Arm wie Reich, kleine wie große Kinder
eilten nach dieser Schaubude, um sich, wie es im Wiener
Jargon heißt, an dem Anblick eines echten, saubern
»Kripplgspieles« zu erfreuen. Eltern, Lehrer, Erzieher
und Vormünder, Gouvernanten und Kindsfrauen,
welche scheinbar ihrer Rangen, ihrer Zöglinge wegen
kamen, unterhielten sich meist insgeheim ebensogut, ja
oft noch besser als die fragseligen, neugierigen Kinder.

Die Schaulust wurde aber auch reichlich befriedigt.

Man sah Gott die Welt erschaffen, die ersten Menschen komplotirten mit der bösen Schlange am Apfelbaume, Kain erschlug seinen frommen Bruder Abel; die Zeit der großen Wasser kam, Noah bestieg die historische Arche, und kelterte später unter dem ersten Regenbogen die ersten Trauben, fortan das Wasser als schnödes Getränke verachtend,

> Dieweil darin ersäufet sind
> All sündhaft Vieh und Menschenkind!

Abraham wollte seinen Sohn Isak am Opferstein tödten, Hagar floh mit Ismael in die Wüste, kurz die ganze biblische Geschichte, wie sie im alten Testamente erzählt steht, kam zur Darstellung, auch wurde diesen dramatischen Bildern ein Beifall zu Theil, wie man ihn in einem wirklichen Schauspielhause auch nicht wärmer zu äußern vermag.

Die Zuschauer standen und saßen dabei oft so dichtgedrängt, daß man keinen Holzapfel hätte zur Erde werfen können, und doch wagten die vorlautesten Rangen kaum zu athmen. Vorzüglich gefielen der Jammer Jacobs bei dem Anblick des blutgetränkten Gewandes seines Sohnes Josef wie die Liebesscene mit dem üppigen Weibe des Potiphar. Auch der Zug der Israeliten durch die Wüste bei dem Fallen des weißen Manna wurde lebhaft beklatscht, zumal letztere Himmelsgabe durch das Surrogat des Schnees sehr täuschend nachgebildet worden. Noch stürmischer tobte der Beifall, als der handfeste Petrus bei der Gefangennehmung des Heilands dem jüdischen oder römischen Hellebarbierer ein Ohr abhieb.

Mit dem Kostüme nahm man es ja nicht so genau.

Die Spannung erreichte den Kulminationspunkt, wenn das Spiel bis zur Kreuzigung vorrückte. Den Hammerschlägen auf die Nägel des Kreuzes ging unheimlich rollender Donner vorher; die Zuschauer bebten unwillkürlich, als nach dem eingetretenen Tode des Herrn die Felsengräber auf Golgatha sich öffneten, und die Gestalten der Todten, in weiße Leichentücher gehüllt, in den Gassen Jerusalems herumwandelten, während die lebendigen Einwohner mit Wehegeschrei und Klageruf in die Häuser flüchteten. Es war eine schauerliche Szene! Fast unbeweglich, wie oben niedergeschrieben, oftmals den Athem an sich haltend, saß die Menge in feierlichem, andächtigem Schweigen vor der Stadt des heiligen Grabes.

Das ist nunmehr lang vorbei!

Die Krippenspiele in Wien haben viel von ihrer ehemaligen Beliebheit verloren. Die gegenwärtige junge Generation pflegt sich sehr altklug zu geberden, der spätere Nachwuchs kommt wohl gar mit Runzeln im Gesichte, mit grauen oder weißen Haaren auf die Welt. Die Franzosen haben einen vortrefflichen Ausdruck für abgestorbene Menschenkinder; sie würden sagen, die jetzige Jugend in Wien sei weder amusant noch amusable.

Doch wozu diese Jeremiade?

Es gibt übrigens noch einige Krippenspiele in der Residenz. In der inneren Stadt behauptet das Krippenspiel in der Weihburggasse den ersten Rang. Es befindet sich in dem Hause, welches die Nummer 924 führt. Wenn ich nicht irre, ist es aus dem größeren Puppenspiele in der Rauhensteingasse hervorgegangen, dessen Schilde-

rung wir soeben gelesen haben. Die schönste, größte
Schaubude ist jedoch auf der Wieden, in dem Hause zu
den fünf Lerchen zu suchen. Dies Haus liegt der Ketten-
brücke gegenüber, welche nach der Lumprechtsgasse führt.
Das Krippenspiel liegt also am linken Ufer des Wien-
flusses. Man könnte es fast mit einem Marionettentheater vergleichen, so großartig in seiner Art ist es zusam-
mengestellt worden.

Auch der Besuch ist ziemlich lebhaft.

Krippenspiele waren, wie gesagt, in Wien einst sehr
beliebt. Es gab solche Schaubuden auch bei einzelnen
reicheren Familien, wo sohin der Zutritt unentgeltlich
blieb, und die Vorstellung blos vor geladenen Gästen
stattfand.

Das schönste Krippenspiel war in der Singerstraße
zu schauen. In einem Hause dieser Straße wohnte nämlich ein adeliges, jetzt leider ausgestorbenes Geschlecht,
dessen Salon als Stelldichein aller Notabilitäten der
Poesie, Literatur und Kunst bezeichnet werden konnte.
Der Sohn des Hauses, ein junger Mensch, mir eng befreundet, ward mit Recht als mechanisches Talent gepriesen. Das Krippenspiel, das er mit eigener Hand gefertigt, ließ nichts zu wünschen übrig. Da er zudem die
lange Ferienzeit seiner Holzpuppen, vom Osterfest bis
zum Nikolaitag, dazu benützte, um neue Theaterfiguren
zu schnitzen oder zu brechseln, so wuchs die Zahl seiner
Schauspielertruppe mit jedem Jahre, was natürlich auch
eine Bereicherung des Repertoires nach sich ziehen mußte.

Das Repertoire enthielt nicht blos alttestamentari-
sche Darstellungen oder Szenen aus der Heiligengeschichte.

nein, es wurden auch Anekboten, Räuberhistorien, Solda-
tenstücke und Spukgeschichten darin aufgenommen. Der
Verfasser dieses Buches stand dem jungen Manne als
Mitsouffleur hilfreich zu Seite, und vertrat an der rechten Koulissenreihe die sogenannte „alte Stimme“, während der Eigenthümer links stand, und so oft es das Ge-
spräch auf der Bühne erheischte, als „junge Stimme“
einzufallen pflegte. Ich war sohin der Vertreter und
Sprecher der Gottheit, der Erzväter und Patriarchen,
während mein Freund die Rollen der Engel, der heiligen
Jungfrau wie der sonstigen biblischen Heldinen zu me-
moriren und vorzutragen hatte.

Wir führten später ganze Puppenspiele auf, wobei
die stehende Maske der deutschen Komödie, die lustige
Person, der Hannswurst oder Kasperle, natürlich nicht
fehlen durfte. Man hätte dies Krippenspiel eigentlich ein
Marionettentheater heißen sollen. Hatte sich doch der
Eigenthümer sogar die witzigen kleinen Stücke, eigens für
Marionettentheater geschrieben, wie „Théàtre de la
foire“, sechs Bände, Amsterdam 1729 und Mahl-
mann's „Marionettentheater“, Leipzig 1806, zu verschaffen gewußt.

An dieser Bühne erlebte ich am 6. Dezember, also
am Nikolaitag des Jahres 1828, eine Szene, die ich
eben so wenig wie ihren weit späteren Epilog Zeit meines
Lebens vergessen werde. An jenem Abend befand sich
nämlich unter den Zuschauern ein Mann, der meine volle
Aufmerksamkeit zu fesseln mußte. Er war von Mittel-
größe, mehr untersetzt als lang, sein Gesicht wies meist
einen grämlichen Ausbruck, obgleich die Augen weniger

ärgerlich als träumerisch in die liebe weite Gotteswelt hin=
auszustarren schienen.

Dieser Mann war mir übrigens wohlbekannt.

Er hatte sich seit wenigen Jahren als Schauspieler
zum auserwählten Liebling des Publikums hinaufge=
schwungen. Man konnte sicher sein die Elite der Wiener
Gesellschaft im Theater zu sehen, falls ein Stück zu sei=
nen Gunsten gegeben wurde. Um so rührender war die
Theilnahme zu schauen, mit welcher dieser bedeutende
Mime den Verlauf unseres Krippenspieles, unserer Ma=
rionettenstücke verfolgte. Freude wie Verdruß spiegelte sich
nach der jeweiligen Färbung der einzelnen Szenen in sei=
nen Mienen, doch schien die heitere Laune vorherrschend
zu bleiben. Plötzlich verlor der Mann jedoch alle Fas=
sung. Seine Glieder zitterten, das Antlitz sah blaß wie
eine Leiche.

Und dies kam so!

Wir brachten eben die bekannte alte Historie zur
Darstellung, welche Adalbert Stifter später in seiner
Novelle »Abdias« zu einer trefflichen Episode benützte.
Ein Reiter kam im vollen Galopp auf die Bühne gerit=
ten, er schien auf der Flucht vor einem riesigen Hunde
begriffen zu sein. Das gewaltige Thier ereilte jedoch das
Roß, und sprang fast bis an den Sattelkrampf empor.
Da griff der Reitersmann nach einer Sattelpistole, zielte,
drückte ab, und schoß den Köter nieder. Ich ließ tüchtig
Kolophonium abblitzen, während mein Freund ein ausge=
spanntes Kalbfell bearbeitete, um das Fallen des Schusses
nachzuahmen. Der Reiter eilte vorwärts, der Hund erhob
sich langsam und hinkte schmerzhaft winselnd hinter die

Koulissen zurück. Das war die erste Szene. — Bald aber
sprengte der Reiter aufs Neue auf die Bühne, er schien
einen verlornen Gegenstand zu suchen. Auch der Hund
kam langsam, sich mühsam fortschleppend, verendend da-
hergekrochen, und siehe da, er hielt das Unterpfand seiner verkannten Treue, den verlornen Mantelsack seines
allzuraschen Herrn, zwischen den Zähnen.

Diese Historie ließ, was die Darstellung anbelangt,
nichts zu wünschen übrig. Reiter, Roß und Hund waren
prachtvoll nachgebildet, auch konnte der Mechanismus
als ein kleines Meisterstück bezeichnet werden. Der Beifall
war daher auch stürmisch. Verschiedene Urtheile wurden
laut, doch einte sich die Mehrzahl der Zuschauer dahin,
daß der Reiter zu vorschnell gehandelt habe.

»Was fällt Ihnen bei, meine Herren und Damen,«
rief da der Schauspieler, noch immer weiß wie Kreide.
»Der Reiter ist nicht zu vorschnell, er ist nur zu feig
gewesen. Zwei Schüsse mußten fallen. Wäre ich in diese
Klemme gerathen, ich hätte zuerst den Hund erschossen,
und mir dann die Kugel der zweiten Sattelpistole durch
den Kopf gejagt!«

»Weshalb?«

»Sind Sie bei Sinnen?«

So erscholl es von mehren Seiten.

»Der Hund,« fuhr der Mime kleinlaut fort, »konnte
auch toll gewesen sein, und kein Unheil, das ein armes
Menschenkind ereilen kann, ist so entsetzlich, so schaudervoll
wie — die Wasserscheu!«

Alles verstummte.

Kalter Schauer beschlich die Gesellschaft. Der bleiche

Mann zog sich zurück, ließ sich auch den ganzen Abend nicht wieder vor unserer kleinen Schaubühne sehen. Als man später zum Souper ging, hieß es, er sei plötzlichen Unwohlseins willen nach Hause geeilt. Alles schüttelte verwundert das Haupt.

Seltsames Spiel des Zufalles!

Als ich einige Jahre später das reizend gelegene Gutenstein besuchte, gewahrte ich mit Befremden, daß ein Stück Niederung auffallende Aehnlichkeit mit der Gegend besitze, wie wir sie als Hintergrund bei der Darstellung der Geschichte von dem Hunde des Abbias benützt hatten.

Der blasse Mann hielt auch Wort, obgleich der betreffende Bullenbeißer von einer fremden Hand getödtet wurde; er brachte sich in dem finstern Wahn, von einem tollen Hund gebissen worden zu sein, Anno 1836, also acht Jahre später, durch einen Pistolenschuß um das Leben. Du ahnst wohl bereits, geneigter Leser, wer jener Schauspieler gewesen? Er nannte sich — — Ferdinand Raimund.

# Inhalt.